नेटवर्क मार्केटिंग क्या है? बदनाम क्यों? करनी क्यों चाहिए?

सुमीत चौहान

इन्विन्सिबल पब्लिशर्स

कॉपीराइट पृष्ठ

भारत में वर्ष 2020 को सबसे पहली बार प्रकाशित

ISBN - 978-93-89600-29-2

इस पुस्तक के पाठक इस पुस्तक में दी गई जानकारी के संबंध में उसके इस्तेमाल की जिम्मेदारी मानते हैं। इस प्रकाशन के लेखक एवं पब्लिशर पाठकों की ओर से किसी भी प्रकार की कोई जिम्मेदारी या उत्तरदायित्व नहीं मानते हैं। हालांकि जानकारी को स्थापित करने के लिए कोशिशें की गई हैं, सही सूचनाएं दी गई हैं, न तो प्रकाशक, न ही लेखक किसी प्रकार की कोई गलती, त्रुटिपूर्णता या चूक के लिए कोई वारंटी लेते हैं।

इन्विन्सिबल पब्लिशर्स

201A, SAS Tower, Sector 38, Gurgaon-122003

Printed in India by: Excel Printers Pvt. Ltd.

अब खरीद ही ली है तो पढ़ भी लो

नेटवर्क मार्केटिंग इंडस्ट्री को समझने के लिए मैं वर्ष 2019 में भारत के लगभग हर राज्य में गया और बहुत सारे लोगों से मिला। भारत में घूमा तो मैंने पाया कि इस इंडस्ट्री में क्षमता तो बहुत है लेकिन इसकी क्षमता को सही तरह से समझा नहीं गया है। इतनी ताकतवर इंडस्ट्री को मोटिवेशन डाल कर एक बहुत ही बेकार तरीके से दर्शाया जाता रहा है और अभी भी ज़्यादातर यही किया जा रहा है। ये इंडस्ट्री भारत और दुनिया में लोगों को बहुत कुछ हासिल करने में मदद कर सकती है और कर भी रही है। पैसा ज़रूर कमाया जाता है इस इंडस्ट्री में लेकिन पैसा इस इंडस्ट्री की एकलौती कमाई नहीं है। लेकिन मोटिवेशनल सेमिनार्स में इस इंडस्ट्री को पैसा बनाने की मशीन की तरह प्रमोट किया जाता रहा है। इसी वजह से बहुत सारे लोग कभी भी नेटवर्क मार्केटिंग की वास्तविक शक्ति को समझ ही नहीं पाए।

विषय सूची

मैं नेटवर्क मार्केटिंग में क्यों आया?

मैं एक इन्वेस्टमेंट सलाहकार के रूप में काम करता था और उस समय मैं म्यूच्यूअल फंड्स की बिक्री करता था। तब म्यूच्यूअल फंड्स की बिक्री करने पर कमीशन आता था 2 से 2.5 प्रतिशत, ये बात है साल 2015 की लेकिन पिछले कुछ सालों में टेक्नोलॉजी आने की वजह से बहुत सारी एप्स आ गई इन्वेस्टमेंट इंडस्ट्री में। अब निवेशकों को इन एप्स की मदद से बहुत आसानी हो गयी है बिना इन्वेस्टमेंट सलाहकार के निवेश करने में। तो नतीजा ये हुआ के आज कमीशन 50 प्रतिशत से भी कम रह गया है। मतलब 4 वर्ष से भी कम समय में टेक्नोलॉजी ने इन्वेस्टमेंट सलाहकार की कमाई आधी से भी ज़्यादा कम कर दी है। हुआ यूँ कि एप्स के आने की वजह से एक सामान्य इन्वेस्टमेंट सलाहकार को बहुत समस्या होने लगी, वो बड़ी बड़ी कंपनियों से मुकाबला नहीं कर पा रहा था क्योंकि एप्स की मार्केटिंग बड़ी कंपनियों के द्वारा कुछ ऐसे की जाने लगी की अब लोग सीधे इन्वेस्टमेंट करने लगे एप्स पर जाकर। भारत के लिए ये टेक्नोलॉजी बहुत अच्छी रही क्योंकि इसकी वजह से लोग बहुत ज़्यादा जागरूक हो रहे थे इस इंडस्ट्री के बारे में, जो की बहुत अच्छी बात है। लेकिन इस टेक्नोलॉजी का छोटे इन्वेस्टमेंट सलाहकार पर बहुत फ़र्क पड़ रहा है। बहुत सारे सलाहकार अब नौकरी नहीं कर रहे है बल्कि खुद एक स्वतंत्र सलाहकार बन गए हैं, क्योंकि कमीशन कम होने की वजह से वो जो कमाई कर पा रहे थे कंपनी में रहकर उसमें से कंपनी को भी अपना फायदा रख कर वेतन देना होता था, कमीशन कम होने की वजह से अब कंपनी को कम पैसे मिलने लगे तो उनके लिए वेतन बढ़ाना बहुत मुश्किल होता जा रहा था।

मान लो की आपको आपके वेतन का 2 गुना व्यापार देना होता है हर महीने।

2015 में अगर आप 20 लाख रुपए का काम लाते तो कंपनी को बचता लगभग 40 हजार रुपए, तो इतना व्यापार लाने पर कंपनी 20 हजार रुपए वेतन आराम से दे सकती थी।

2019 में यही 20 लाख रुपए का काम लाने पर अब कंपनी को बच ही रहा था लगभग 20 हजार रुपए तो कंपनी 20 हजार रुपए वेतन कैसे दे सकती थी? कमीशन कम होने की वजह से कंपनियों ने अपना मासिक लक्ष्य बढ़ा दिया ताकि आसानी हो वेतन दे सकें।

लेकिन अब पहले के मुकाबले सलाहकार को भी बहुत समस्या होने लगी थी व्यापार लाने में क्योंकि अब सभी लोग पहले से ही जागरूक हो रहे थे और ज़्यादातर लोग सीधे, बिना सलाहकार की मदद के निवेश करने लगे थे। अब टीवी पर विज्ञापन ऐसे आने लगे थे की म्यूचुअल फंड सलाहकार के साथ इन्वेस्टमेंट करने से जो कमीशन सलाहकार को मिलता है वो निवेशक का नुकसान होता है, जिसकी वजह से लोगों ने सीधे म्यूचुअल फंड में निवेश करना शुरू कर दिया था।

इसका नतीजा ये हुआ कि अब एक तो पहले के मुकाबले मेहनत ज़्यादा थी साथ ही पहले के मुकाबले कमीशन आधे से भी कम हो गया।

तो सलाहकार को लगा की खुद का काम शुरू करने में फायदा है क्योंकि 20 लाख रुपए का व्यापार अगर वो स्वतंत्र रूप से करे तो उनकी कमाई 20 हजार रुपए तो बनी रहेगी और कंपनी में तो अब इस 20 हजार रुपए के लिए उन्हें 40 लाख रुपए का व्यापार करना पड़ेगा। तो सलाहकार स्वतंत्र होने लगे और कंपनियाँ एप्स विकसित करने लगी।

मैं देख रहा था कि कैसे साधारण इन्वेस्टमेंट सलाहकार की टेक्नोलॉजी की वजह से एक अच्छे व्यवसाय में से कमाने की संभानाएं खत्म होती जा रही थीं। तो मैं तलाश में था किसी ऐसे काम के जिसका टेक्नोलॉजी कुछ बुरा ना कर पाए। जहाँ मैं काम करूँ तो मुझे ये तनाव ना हो के कहीं टेक्नोलॉजी आकर मेरा फायदा ना कम कर दे।

मैंने 2016 में शुरू किया मोबाइल कवर बनाना। मैं चीन के गुआंगज़ौ शहर गया और वहाँ से मोबाइल के पीछे लगने वाले कवर बनाने की टेक्नोलॉजी लाया। मैंने दिल्ली में मोबाइल कवर की मैन्युफैक्चरिंग शुरू कर दी। मैं अपने कवर्स को ऑनलाइन अमेज़न, फ्लिपकार्ट आदि जगह पर बेचने लगा। जब मैंने 2016 में ये काम शुरू किया था तब बहुत ही कम विक्रेता होते थे जो उस तरह के मोबाइल कवर ऑनलाइन बेचा करते थे। तो एक समय तो हमारा फायदा 900 प्रतिशत से भी ज़्यादा होता था। लेकिन कुछ ही महीनो में कुछ और विक्रेता आ गए तो फायदा अब 500 प्रतिशत तक रह गया। जिस तरह के मोबाइल कवर हम बनाते थे, उसमें फायदा बहुत ज़्यादा होता था, तो बहुत सारे लोग जल्दी से इस व्यापार में आ गए, जिसकी वजह से 2018 आते आते हमारा फायदा 50 प्रतिशत से भी कम रह गया था।

मेरे पहले काम में फायदा टेक्नोलॉजी समाप्त कर रही थी और दूसरे का आसान टेक्नोलॉजी होने की वजह से मुकाबला। आसान टेक्नोलॉजी में मुकाबला बहुत जल्दी आ जाता है और भारत की आबादी इतनी ज़्यादा है के हर समय लाखों लोग यही ढूंढ़ते रहते हैं कि कहाँ आसानी से काम करके पैसे कमाए जा सकता है, जो की एक अच्छी बात है, लेकिन इसकी वजह से क्या होता है कि जहाँ पैसा ज़्यादा होता है, लोग भी ज़्यादा आ जाते हैं, तो फायदा कम हो जाता है। बहुत जगहों

पर ऐसा होता है कि जहाँ ज़्यादा मुकाबला होता है, वहीं ज़्यादा ग्राहक भी आते हैं, जिससे सभी को फायदा होता है। लेकिन ये ऑनलाइन चीज़ें बेचने पर सही से लागु नहीं होता है, अगर आपका प्रोडक्ट ऐसा है जिसमें लोग ब्रांड के बारे में ज़्यादा नहीं सोचते हैं।

मेरे दोनों अनुभवों के बाद मैं एक ऐसा काम ढूंढ रहा था जहाँ टेक्नोलॉजी मेरा फायदा ना समाप्त कर पाए और साथ में जहाँ आबादी भी मेरे काम में आये तो मेरा फायदा बढ़ाये। तो मेरी ये खोज खत्म हुई जब मुझे नेटवर्क मार्केटिंग इंडस्ट्री के बारे में पता चला। ये एक मात्र ऐसी इंडस्ट्री लगी मुझे जिसका टेक्नोलॉजी कुछ नहीं कर सकती थी क्योंकि ये इंसानों का काम है, इन्सान करते आये हैं, कर रहे हैं और हमेशा इन्सान ही करेंगे इसे। मतलब टेक्नोलॉजी इस व्यवसाय के लिए खतरा बिल्कुल नहीं थी। साथ ही साथ जैसे मोबाइल कवर में जो लोग मेरे व्यापार में आ रहे थे वो मेरा फायदा कम करते जा रहे थे, यहाँ ऐसा बिल्कुल नहीं था। मुझे एकलौता यही ऐसा व्यवसाय लगा जहाँ आबादी मेरी टीम बनती और मुझे उसका फायदा मिलता। मतलब जो मेरे व्यवसाय में आते या जिन्हें मैं खुद ले कर आता वो सभी मेरी मदद करते और इस व्यवसाय में आगे बढ़ने में मैं उनकी।

मैंने खुद को समझाया की ये इंडस्ट्री ही है जो आर्टिफिशियल इंटेलिजेंस से हमेशा बची रहेगी और अगर किसी को भी एक आय का स्थिर स्रोत चाहिए तो उसको ये व्यवसाय करना चाहिए क्योंकि लगभग सभी व्यवसाय में आर्टिफिशियल इंटेलिजेंस नौकरियां खत्म कर देगी या कर रही है।

इस इंडस्ट्री में मुझे ताकत दिखी कम्पाउंडिंग की जो मैं पहले से बेच कर रहा था म्यूचुअल फंड्स में। म्यूचुअल फंड्स में भी हर महीने की

व्यवस्थित निवेश से आपको बहुत ज़्यादा शानदार रिटर्न मिलता है कम्पाउंड होकर जब हम वो निवेश बहुत सालों तक करते हैं। वैसे ही नेटवर्क मार्केटिंग में जब हम काम करते हैं और हमारी टीम बनती है। जैसे ही वो डुप्लिकेट होती है तो कम्पाउंडिंग की वजह से बहुत कम समय में हमारा नेटवर्क बहुत ज़्यादा हो जाता है। साथ ही जो लोग इस व्यवसाय में आते हैं, आपको देखकर वो आपकी टीम बनाते हैं।

मैंने देखा कि ये इंडस्ट्री तो बहुत सुंदर और शक्तिशाली है, लेकिन इस कांसेप्ट का इस्तेमाल सही तरीके से बहुत कम और गलत तरीके से बहुत ज़्यादा हो रहा था। जिसकी वजह से इस सुंदर और शक्तिशाली इंडस्ट्री को बहुत बदनामी सहन करनी पड़ती है। तो मैंने एक यूट्यूब चैनल शुरू किया और वहाँ लोगों को जागरूक करना शुरू किया, एजुकेशन देने की कोशिश की। मेरे लिए इस इंडस्ट्री को समझना बहुत आसान था क्योंकि कम्पाउंडिंग की ताकत मैं पहले से समझता था और फ्रेंचाइज़िंग की ताकत, जो इसमें हमें मिलती है वो मैं अपने मोबाइल कवर के व्यापार में इस्तेमाल कर चुका था।

मोबाइल कवर के व्यापार में फायदा अब कम होने की वजह से मैं अब बिक्री खुद नहीं करता हूँ बल्कि 8 डिस्ट्रीब्यूटर्स को बेचता हूँ, जो आगे ऑनलाइन बिक्री करते हैं। कभी किसी के ज़्यादा आर्डर आते हैं, तो कभी किसी और के, कभी किसी के बिल्कुल नहीं आते तो किसी और के बहुत ज़्यादा आर्डर आ जाते हैं। इसलिए मुझे पता था के फ्रेंचाइज़िंग की क्या ताकत है।

ये बुक लिखने का उद्देश्य यही है के इंडस्ट्री में से कूड़ा कचरा साफ़ किया जा सके, चाहे वो फालतू मोटिवेशन का हो या फिर मनी

सर्कुलेशन कंपनियों का। नेटवर्क मार्केटिंग की शिक्षा हर किसी को होनी चाहिए और वही इस किताब में आपको मिलेगी।

नेटवर्क मार्केटिंग में प्लान देने का सही तरीका

नेटवर्क मार्केटिंग में प्लान देने का तरीका इतना साफ़ और सुलझा हुआ होना चाहिए जैसे कोई बच्चों की कहानी होती है। किसी 10 साल के बच्चे को भी वो कहानी सुनाई जाये तो उस कहानी के माध्यम से उसे पूरी तरह से पता चल जाये कि, नेटवर्क मार्केटिंग क्या है, बदनाम क्यों और करनी क्यों चाहिए। कहानी जो एक बार सुनते ही सीधा दिमाग में बैठ जाये। इस बुक में नेटवक मार्केटिंग की ऐसी ही दिलचस्प कहानी है, जिसे सुनने के बाद आप और ज़्यादा प्यार करने लगेंगे नेटवर्क मार्केटिंग से।

इस कहानी में भी बहुत सारे किरदार हैं। हमारी कहानी का हीरो है नेटवर्क मार्केटिंग। प्रोडक्ट्स और सेवाओं के पारंपरिक वितरण का तरीका, एक लालची सेठ है। इस सेठ की गुंडागर्दी और लालच से अच्छी कंपनियों और ग्राहकों को बचाने वाला हीरो है, नेटवर्क मार्केटिंग। तो पहले समझना बहुत ज़रुरी है की नेटवर्क मार्केटिंग की सोच क्या है और कैसे इस लालची सेठ से नेटवर्क मार्केटिंग, कंपनियों और ग्राहकों को बचा सकता है। तो पहले पार्ट में हम वही जानेंगे।

अब इस कहानी में बहुत सारे खलनायक भी हैं। सबसे बड़े खलनायकों में आते हैं, एक तो बेकार प्रोडक्ट्स बेचने वाली कंपनियाँ और दूसरे मोटिवेशनल स्पीकर्स। बेकार प्रोडक्ट्स और सेवाओं वाली कंपनियाँ, कहानी के हीरो नेटवर्क मार्केटिंग की छवि को दीमक की तरह कमजोर कर रही हैं और मोटिवेशनल स्पीकर्स यहाँ जोंक का काम करते हैं। मोटिवेशनल स्पीकर्स जोंक की तरह कहानी के हीरो नेटवर्क मार्केटिंग से प्यार करने वाले लोगों का खून चूसते हैं। मोटिवेशनल स्पीकर्स का खाना है, उन भोले भले लोगों के सपने, जिन सपनों को लोग हीरो, नेटवर्क मार्केटिंग के साथ मिलकर पूरा करना चाहते हैं। इन सभी खलनायकों की वजह से नेटवर्क मार्केटिंग

की छवि बहुत ख़राब हुई है, जिसे हम समझेंगे इस दूसरे पार्ट में। इसे समझना बहुत ज़रूरी है क्योंकि इसी को समझ कर, हम बाद में लोगों को भी समझा पाएंगे कि कैसे नकारात्मकता जो नेटवर्क मार्केटिंग के लिए है, उसमें नेटवर्क मार्केटिंग की कोई गलती नहीं है।

तीसरा पार्ट इस बुक का एक शिक्षित तरीके से बताएगा कि क्यों हमे नेटवर्क मार्केटिंग करनी चाहिए और कैसे आने वाले समय में नेटवर्क मार्केटिंग ही सबसे ज़्यादा लोगों को कौशल और रोज़गार प्रदान करेगा।

इस बुक में हमने नेटवर्क मार्केटिंक के 3 बिंदुओं पर चर्चा की:

1. नेटवर्क मार्केटिंग क्या है?
2. नेटवर्क मार्केटिंग बदनाम क्यों हुई?
3. नेटवर्क मार्केटिंग करनी क्यों चाहिए?

प्लान देने का एक तरीका है 8-16-8 वाला नियम:

पहले 8 मिनट प्रॉस्पेक्ट से क्या बात करनी चाहिए?

नेटवर्क मार्केटिंग के बारे में आप क्या जानते हैं? ये आपका प्रॉस्पेक्ट से सबसे पहला सवाल होना चाहिए। प्रॉस्पेक्ट का जवाब इस इंडस्ट्री के बारे में चाहे पॉजिटिव वो या नेगेटिव, हमें आराम से सुनना चाहिए। अब उनका जवाब कुछ भी हो, हमें उन्हें पहले 8 मिनट में सही तरीके से समझाना चाहिए कि असल में नेटवर्क मार्केटिंग क्या है। इस दौरान आप सिर्फ प्रॉस्पेक्ट से बात करेंगे, बिना किसी पेपर पेन का इस्तेमाल करते हुए। एक शिक्षित तरीके से बुक में दिए हुए उदाहरण देते हुए और प्रोडक्ट वितरण के पारंपरिक तरीके की समस्या बताते हुए, हम प्रॉस्पेक्ट को अपनी बातों में शामिल करेंगे। इस पार्ट के खत्म होने पर, हम देखेंगे कि प्रॉस्पेक्ट अच्छे से समझ चुके होंगे कि कैसे नेटवर्क

मार्केटिंग एक बहुत अच्छा और ताकतवर तरीका है, प्रोडक्ट्स को प्रमोट करने का।

नेटवर्क मार्केटिंग के बारे में आखिर में बताने का सबसे बड़ा नुक्सान यही होता है की, अगर प्रॉस्पेक्ट पहले से नेटवर्क मार्केटिंग के बारे में जानते होंगे, तो जब आप प्रोडक्ट पार्ट बता रहे होंगे वो ध्यान से नहीं सुनेगे। उनका ध्यान होगा कि कैसे और कब आप उन्हें नेटवर्क मार्केटिंग वाला पार्ट बताने वाले हो। इससे पहला नुक्सान तो यही है के प्रॉस्पेक्ट आपके प्रोडक्ट के बारे में ध्यान से नहीं सुनेगे, दूसरा ये कि प्रॉस्पेक्ट के सामने पहला इम्प्रैशन ही प्लान देने वाले का, सीधा बात पर ना आने वाले इन्सान, का जाता है।

सीधा पूछने पर कि नेटवर्क मार्केटिंग के बारे में वो क्या जानते हैं और फिर शिक्षित तरीके से नेटवर्क मार्केटिंग क्या है ये समझाने से, प्रॉस्पेक्ट को प्लान देने वाले के अंदर आत्मविश्वास और समझदारी दिखेगी। वैसे भी बाद में भी बताना है तो शुरू में ही क्यों ना पूछ लिया जाये?

अगले 16 मिनट प्रॉस्पेक्ट से क्या बात करनी चाहिए?

नेटवर्क मार्केटिंग बदनाम क्यों हुई ये बताना बहुत ज़्यादा ज़रूरी है।

2 बातें हो सकती **हैं:**

1. जिनको आप प्लान दे रहे हो वो नेगेटिव हो नेटवर्क मार्केटिंग के लिए

पुराने प्लान देने वाले तरीके अब नहीं चलने वाले। अब बहुत बार ऐसा होता है कि जिनको आप प्लान दे रहे होते हो, वो अंदर से नेगेटिव होते हैं इस इंडस्ट्री के बारे में, लेकिन वो प्लान देने वाले को ये बात नहीं बताते, क्योंकि वो प्लान देने वाले से बहस नहीं करना चाहते। वो बस जल्दी से प्लान सुन कर, वहाँ से भागना चाहते हैं।

वो आपसे प्लान सुनेंगे और फिर आपको बोलेंगे के कल बताते हैं, फिर वो कल इस कलयुग में कभी नहीं आता। आप उनके फॉलो अप करते रहोगे, लेकिन उसका कोई असर नहीं पड़ेगा क्योंकि फॉलो अप में भी आप वही मोटिवेशन की बात बोलने वाले हो, जो आपको आपके मोटिवेशनल स्पीकर्स ने सिखाई है और उनको किसी इंग्लिश की किताब ने। प्रॉस्पेक्ट ये सब बातें पहले भी सुन चुके होंगे, बस बोलने वाले लोग नए होंगे लेकिन बातें वही पुरानी।

होता क्या है के आप सिर्फ अपनी कम्पनी के प्रोडक्ट्स के बारे में बताते हो, जिसे वो अच्छे से सुनते नहीं हैं। उनका ध्यान होता है, आप नेटवर्क मार्केटिंग के बारे में कब और कैसे बताने वाले हो। जैसे ही आप पेआउट प्लान बताते हैं, प्रॉस्पेक्ट सोचते है देखा वही काम आ गया, जिसमें उनका अनुभव पहले भी ख़राब रहा है, लेकिन प्लान देने वाले के सामने वो बोलेंगे की आपको कल तक बताते हैं। बाहर आते ही वो उनके अंदर की नेगेटिव छवि को बताएंगे, उनको जिन्होंने उन्हें प्लान सुनने के लिए बुलाया था। मतलब आपके दोस्त प्लान देने वाले के सामने सुनेंगे और बाहर निकल कर आपके सामने बताएंगे कि कैसे उन्हें पहले भी ऐसे सपने दिखा कर पागल बनाया गया था और कैसे आज आप भी पागल बन रहे हैं, क्योंकि उनकी नज़र में यही गलत छवि है नेटवर्क मार्केटिंग की।

अब क्योंकि प्लान देने वाले ने नहीं समझाया कि नेटवर्क मार्केटिंग बदनाम क्यों हुई तो प्रॉस्पेक्ट को आज भी असली वजह पता नहीं लगी नेटवर्क मार्केटिंग बदनाम होने की, साथ ही प्रॉस्पेक्ट के पुराना अनुभव ख़राब होने की। इसलिए प्लान सुनने वाला आज भी नेगेटिव ही रहा और प्लान देने वाले की सारी महनत हो जाती है ख़राब। अब इसकी वजह से प्लान देने वाले भी थोड़ा नेगेटिव हुए, साथ ही में

जिन्होंने प्लान करवाया था वो भी नेगेटिव हो रहे हैं। इसलिए प्लान में और ट्रेनिंग में ये बताना बहुत ज़्यादा ज़रूरी है कि नेटवर्क मार्केटिंग बदनाम क्यों हुई।

2. जिनको आप प्लान दे रहे हो वो पॉजिटिव हो नेटवर्क मार्केटिंग के लिए

पॉजिटिव प्रॉस्पेक्ट को भी बताना ज़रूरी है कि नेटवर्क मार्केटिंग बदनाम क्यों हुई, क्योंकि पॉजिटिव प्रॉस्पेक्ट भी घर जाकर दोस्तों और परिवार से बात करेंगे। प्रॉस्पेक्ट को कोई अगर नेगेटिव इन्सान मिल गया दोस्तों और परिवार में, तो वो खुद भी नेगेटिव हो सकते हैं। फिर प्लान देने की पूरी मेहनत ख़राब। फॉलो अप में दोबारा पॉजिटिव करने से ज़्यादा अच्छा है कि प्लान में ही इतना एडुकेटेड कर दो प्रॉस्पेक्ट को, ताकि वो नेगेटिव हो ही ना पाए।

फिर अगली 16 मिनट हम बात करेंगे नेटवर्क मार्केटिंग बदनाम क्यों हुई। अभी भी हम पेपर पेन का इस्तेमाल नहीं करेंगे। बात करते हुए ये समझायेंगे कि कैसे नेटवर्क मार्केटिंग को गलत तरह से इस्तेमाल किया गया ख़राब प्रोडक्ट्स बेचने वाली और मनी सर्क्युलेशन्स कंपनियों द्वारा। कैसे मोटिवेशनल स्पीकर्स के साथ मिल कर सेमिनार्स की सहायता से लोगों को लूटा गया है, लोगों के सपने उन्हीं को बेच कर। सब समझाते हुए हम बुक में दिए गए 90-8-2 का नियम और बन्दूक वाले उदाहरण को जब प्रॉस्पेक्ट को समझायेंगे, तो इस पार्ट के आखिर तक प्रॉस्पेक्ट ये समझ जाएंगे कि नेटवर्क मार्केटिंग को बदनाम होने में, नेटवर्क मार्केटिंग कांसेप्ट की कोई गलती नहीं है।

अगले **8** मिनट प्रॉस्पेक्ट से क्या बात करनी चाहिए?

आखिर के 8 मिनट हमें बात करनी है नेटवर्क मार्केटिंग क्यों करनी चाहिए और यहाँ भी हम पेन और पेपर इस्तेमाल नहीं करेंगे। हम प्रॉस्पेक्ट से पूछ सकते हैं कि उनकी फील्ड में टेक्नोलॉजी कैसे परिवर्तन ला रही है। ये आखिर के 8 मिनट बहुत महत्वपूर्ण हैं क्योंकि यही आपके प्रॉस्पेक्ट का क्यों नेटवर्क मार्केटिंग करनी चाहिए स्पष्ट करेंगे।

आप शिक्षित तरीके से प्रॉस्पेक्ट को इन **32** मिनट के आखिर में इस निष्कर्ष पर ले आएंगे:

1. नेटवर्क मार्केटिंग बहुत ही ज़्यादा ताकतवर और अच्छा तरीका है प्रोडक्ह्र के वितरण का,
2. नेटवर्क मार्केटिंग बदनाम होने में नेटवर्क मार्केटिंग कांसेप्ट की कोई गलती नहीं है, और
3. क्यों हर किसी को नेटवर्क मार्केटिंग करनी चाहिए

फिर हमें अपने प्रोडक्ट के बारे में बताना है। आखिर में कंपनी के पेआउट के तरीके को बताना है।

आपके ये पहले 32 मिनट आपके प्लान की सफलता को बहुत ज़्यादा बढ़ा देंगे।

नेटवर्क मार्केटिंग क्या है?

(a) वितरण का पारंपरिक तरीका और उसकी कमियाँ:

नेटवर्क मार्केटिंग को समझना है तो पहले वितरण का पारंपरिक तरीका और उसकी कमियों को समझना ज़रूरी है। वितरण के पारंपरिक तरीके में ज़्यादातर देखा जाता है कि प्रोडक्ट की कीमत का 60-70 प्रतिशत तो वितरण और विज्ञापन में ही चला जाता है।

उदाहरण के लिए:

एक जूता अगर मैन्युफैक्चरर के पास से बनकर तैयार होता है 180 रुपये में तो वहाँ से उसको मास्टर स्टॉकिस्ट 200 रुपये में खरीदता है। मास्टर स्टॉकिस्ट से थोक विक्रेता 220 रुपये में और दुकानदार फिर उसे थोक विक्रेता से 250 रुपये में खरीदता है। आखिर में ग्राहक उसी जूते को दुकानदार से 500 रुपये में खरीदता है।

उदाहरण के लिए:

मान लो चेन्नई में एक मैन्युफैक्चरर है जो जूते बना रहा है। जिसकी लागत उसे पड़ रही है 180 रुपये। वो इसे बिक्री करता है मास्टर स्टॉकिस्ट को 200 रुपये में। मैन्युफैक्चरर प्रोडक्ट का रेट ज़्यादा नहीं बढ़ाता क्योंकि मास्टर स्टॉकिस्ट बहुत ज़्यादा मात्रा में सामान लेता है। मान लो हरियाणा के मास्टर स्टॉकिस्ट का गोदाम है रोहतक में।

चेन्नई - मैन्युफैक्चरर (180 रुपये लागत, मास्टर स्टॉकिस्ट को बेचने का मूल्य 200 रुपये)

अब रोहतक का मास्टर स्टॉकिस्ट इसे भिवानी के थोक विक्रेता को बेचता है 220 रुपये में।

हरियाणा - रोहतक में मास्टर स्टॉकिस्ट (200 रुपये लागत मूल्य, भिवानी के थोक विक्रेता को बेचने का मूल्य 220 रुपये)

अब भिवानी का थोक विक्रेता ये जूता 250 रुपये में बवानी खेरा के दुकानदार को बेचता है।

भिवानी- थोक विक्रेता (220 रुपये लागत मूल्य, बवानी खेरा के दुकानदार को बेचने का मूल्य 250 रुपये)

बवानी खेरा का दुकानदार अब ग्राहक को यह जूता बेचता है 500 रुपये में।

बवानी खेरा- रिटेलर (250 रुपये लागत मूल्य, ग्राहक को बेचने का मूल्य 500 रुपये)

यही अगर विज्ञापन किया जाता जूते का तो यही जूता 600 रुपये से ज़्यादा रेट में बेचा जाता ग्राहक को।

उदाहरण के लिए:

चेन्नई - मैन्युफैक्चरर (280 रुपये लागत (100 रुपये विज्ञापन की लागत), मास्टर स्टॉकिस्ट को बेचने का मूल्य 300 रुपये)

अब रोहतक का मास्टर स्टॉकिस्ट इसे भिवानी के थोक विक्रेता को बेचता है 320 रुपये में।

हरियाणा - रोहतक में मास्टर स्टॉकिस्ट (300 रुपये लागत मूल्य, भिवानी के थोक विक्रेता को बेचने का मूल्य 320 रुपये)

अब भिवानी का थोक विक्रेता, बवानी खेरा के दुकानदार को बेचता है ये जूता 350 रुपये में।

भिवानी- थोक विक्रेता (320 रुपये लागत मूल्य, बवानी खेरा के दुकानदार को बेचने का मूल्य 350 रुपये)

अब बवानी खेरा का दुकानदार ग्राहक को बेचता है ये 600 रुपये में।

बवानी खेरा- रिटेलर (350 रुपये लागत मूल्य, ग्राहक को बेचने का मूल्य 600 रुपये)

तो ये देखा जा सकता है की मैन्युफैक्चरर को मिला जूता 300 रुपये में और ग्राहक को मिला वही जूता 600 रुपये में।

सबसे ज़्यादा फायदा प्रति जूता दुकानदार का इसलिए होता है क्योंकि उनके एक दिन में सबसे कम जूते निकलते हैं। उसी बिक्री में से उन्हें दूकान का किराया, कर्मचारियों का वेतन, दूकान की देख-रेख और लागत निकालना और उसके बाद फायदा भी निकलना होता है। इसलिए पूरी प्रक्रिया में सबसे ज़्यादा फायदा, प्रति जूता, दुकानदार का होता है जूते के व्यापार में। बाकि सभी बहुत ज़्यादा मात्रा में जूते खरीदते हैं इसलिए मैन्युफैक्चरर, मास्टर स्टॉकिस्ट, थोक विक्रेता का फायदा प्रति जूता कम होता है लेकिन मात्रा ज़्यादा होती है। तो बाकि लोग इस प्रक्रिया में कम मात्रा में कमाते हैं।

वितरण की पारंपरिक विधि में बहुत सारी खूबियाँ हैं। एक प्रक्रिया पहले से बनी हुई है। बहुत बार यही नेटवर्क अलग तरह के प्रोडक्ट को भी ग्राहक तक पहुँचाने में मदद करता है। जैसे की देखा जा सकता है डिटर्जेंट पाउडर बेचने वाला मास्टर स्टॉकिस्ट साबुन, बाथरूम क्लीनर और अन्य सम्बंधित प्रोडक्ट भी उसी नेटवर्क को इस्तेमाल कर के ग्राहक तक पहुँचा देता है।

लेकिन वितरण की पारंपरिक विधि उन कंपनियों के लिए सही नहीं है जिनके प्रोडक्ट बहुत अच्छे होते हैं। इसमें दो तरीके की लागत जुड़ जाती है:

1. वितरण की लागत

2. विज्ञापन की लागत

ये दोनों लागत बिक्री रेट का लगभग 60 - 70 प्रतिशत हो जाती है। अब इस वितरण की पारंपरिक विधि में कुछ ऐसी कमियाँ हैं, जो हम नीचे दिए हुए उदाहरण से समझ सकते हैं:

मान लो के आपने एक कोल्ड क्रीम बनाई जो बहुत ही ज़्यादा आर्गेनिक है। आपने उसमें बहुत अच्छा कच्चा माल इस्तेमाल किया है और किसी भी केमिकल का इस्तेमाल नहीं किया है। अब आप वितरण की पारंपरिक विधि का इस्तेमाल करके इस प्रोडक्ट को बेचना चाहते हो। सबसे पहली मुश्किल आपको जो सहनी पड़ेगी वो होगी के वितरण की पारंपरिक विधि में सभी आपका सामान उधार पर लेंगे। मतलब आपसे वो प्रोडक्ट तो लेंगे लेकिन आपको उसका पैसा प्रोडक्ट बिकने के भी कुछ दिनों बाद देंगे। ज़्यादातर 90 दिनों के उधार पर आपसे प्रोडक्ट लेंगे।

अब आप सोचो क्या सभी के पास इतना पैसा होता है की वो उधार में सामान दे सके? हो सकता है अगर कोई बहुत बड़ी कंपनी हो तो वो करोड़ रुपये का उधार दे सकती है लेकिन अगर कोई साधारण इन्सान या नयी कंपनी एक बहुत अच्छा प्रोडक्ट बनाती है तो क्या वो करोड़ रुपये का उधार दे पाएगी?

दूसरी मुसीबत आएगी जब आपका प्रोडक्ट अगर पहुँच भी गया दुकानदार तक, तब भी क्या प्रोडक्ट ख़रीदा जायेगा? आपके प्रोडक्ट चाहे वो कितना भी आर्गेनिक हो, अच्छा हो लेकिन उसकी बिक्री निर्भर करेगी लास्ट में 2 लोगों पर:

1. ग्राहक
2. दुकानदार

हमने बहुत बार लोगों को दुकान पर जाकर प्रोडक्ट खरीदते देखा है। ज़्यादातर ग्राहक प्रोडक्ट 3 तरह से खरीदता है:

मान लो ग्राहक को कोल्ड क्रीम चाहिए पर जब वो दूकान पर जाता है उसे बहुत सारी ब्रांड की कोल्ड क्रीम मिलेगी। अब ग्राहक 3 तरह से निर्णय लेता है प्रोडक्ट खरीदने करने का:

1. जिसे पहले से इस्तेमाल कर रहे हों

ग्राहक सीधा वो कोल्ड क्रीम ले लेता है जो वो पहले से इस्तेमाल कर रहा होगा। मतलब इस केस में वो आपकी या किसी और क्रीम की तरफ देखेगा भी नहीं। आपकी क्रीम के बिकने की संभावना यहाँ शून्य हो गई।

2. जो सबसे सस्ता हो

ग्राहक सबसे सस्ती क्रीम लेगा और उस केस में भी आपका प्रोडक्ट बिक्री नहीं होगा क्योंकि आपकी क्रीम आर्गेनिक है जिसमें आपने बहुत अच्छा कच्चा माल इस्तेमाल किया है। जिसकी वजह से आपके प्रोडक्ट की कीमत सबसे कम नहीं होगी। गुणवत्ता की वजह से आपका रेट सबसे सस्ता नहीं हो पायेगा।

3. या जिसकी पैकेजिंग अच्छी हो

ग्राहक, जिस प्रोडक्ट की पैकिंग सबसे अच्छी होगी, उसे खरीद लेगा क्योंकि जिन लोगों को रेट से कोई फ़र्क नहीं पड़ता, उनके लिए अच्छी पैकेजिंग ज़रूरी होगी। पैकेजिंग अच्छी करना एक बहुत महंगा काम होता है जो ज़्यादातर कंपनिया शुरुआत में इसके लिए समर्थ नहीं होती। अगर पैकेजिंग अच्छी कर भी ली तो रेट और ज़्यादा बढ़ जायेगा आपकी क्रीम का। उसके कारण रेट बहुत महंगा हो जायेगा। क्योंकि

एक तो कच्चा माल आर्गेनिक इसलिए रेट ज़्यादा होगा और अगर पैकेजिंग भी अच्छी करोगे तो रेट और ज़्यादा बढ़ जायेगा।

सबसे मजे की बात जो मैंने नोटिस की वो ये के ऊपर वाले तीनों ही मामलों में ग्राहक प्रोडक्ट किस सामग्री से बना है, यह नहीं पढ़ता है। मतलब 90 प्रतिशत से ज़्यादा लोग कभी भी प्रोडक्ट किस सामग्री से बना है, यह नहीं पढ़ते जिसकी वजह से उन्हें कभी पता ही नहीं चलेगा की आपका प्रोडक्ट बाकि प्रोडक्टस से अच्छा कैसे है और क्यों उसका रेट थोड़ा महंगा है बाकि प्रोडक्टस से।

अब चाहे ग्राहक पहले से इस्तेमाल करने वाला प्रोडक्ट ख़रीदे, चाहे सबसे सस्ता या फिर अच्छी पैकेजिंग वाला, आप तीनों श्रेणियों में नहीं आ पाएंगे और क्या होगा कि प्रोडक्ट नहीं ख़रीदा जायेगा, तो दुकानदार प्रोडक्ट वापिस कर देंगे थोक विक्रेता को और वो मास्टर स्टॉकिस्ट को और मास्टर स्टॉकिस्ट मैन्युफैक्चरर को। मतलब आपने एक बहुत अच्छा प्रोडक्ट बनाया फिर भी आपका प्रोडक्ट फ़ेल हो जायेगा।

और ये पहले भी बहुत बार हुआ है कि बहुत अच्छी अच्छी कंपनिया आईं और वितरण की पारंपरिक विधि की कमियों की वजह से बंद हो गईं। क्या आप भी ये रास्ता अपनाना चाहेंगे?

चलिए अब बात करते है दूसरे इन्सान की जो वितरण की पारंपरिक विधि में आपके प्रोडक्ट्स को बेच सकते है। वो है दुकानदार। आप क्या कर सकते हैं कि दुकानदार को बोल सकते हैं कि सर हमारा प्रोडक्ट बहुत अच्छा है कृप्या करके आप इसे बेचिये और लोगों को बताइये ये अच्छा क्यों है। असल में ये महंगा नहीं है, बल्कि सही रेट

है क्योंकि ये बिना किसी नुकसान करने वाले केमिकल के इस्तेमाल से बना है।

लेकिन क्या दुकानदार आपकी मदद करेंगे? दुकानदार की दुकान में वैसे भी बहुत सारे प्रोडक्ट होते हैं। दुकानदार ज़्यादा मेहनत करते हैं ताकि बहुत सारे विकल्प दे पाए ग्राहक को। वो ग्राहक को विकल्प देता है, प्रोडक्ट रेंज देकर। ग्राहक जो ज़्यादा खरीद रहे होते हैं, उसका वो दोबारा आर्डर लगा देता है और जिसे ग्राहक नहीं खरीदते उन प्रोडक्ट को ज़्यादातर दुकानदार वापिस कर देते हैं।

दुकानदार मेहनत लगाएंगे लेकिन वहाँ पर जहाँ उनका मार्जिन ज़्यादा हो। मतलब के मान लो अगर आपकी 500 रुपये की कोल्ड क्रीम बिक्री कर के उन्हें 100 रुपये बचते हैं लेकिन एक दूसरी कोल्ड क्रीम 500 रुपये में बिक्री करके उन्हें 250 रुपये बचते हैं तो वो कौन सी कोल्ड क्रीम बिक्री करने में मेहनत करेगा?

वो जिसमें 250 रुपये बचेंगे उसे बेचने में वह ज़्यादा मेहनत करेगा ना की जिसमें 100 रुपये बचेंगे और वो अपनी जगह कहीं ना कहीं सही भी है। क्योंकि उन्हें किराए, वेतन इत्यादि भी देने होते हैं।

अब मतलब आप चाहते हैं की दुकानदार आपका प्रोडक्ट बेचे तो आप 2 तरीके अपना सकते हैं:

1. प्रोडक्ट का रेट सस्ता कर दीजिये ताकि ग्राहक आपका प्रोडक्ट ख़रीदे और आप दुकानदार को फायदा भी ज़्यादा दे पाए, लेकिन ऐसा आप तब ही कर पाएंगे जब आप गुणवत्ता कम करेंगे और अगर गुणवत्ता कम करेंगे तो आपमें और बाकि कंपनियों में फ़र्क नहीं रहेगा। गुणवत्ता में फ़र्क नहीं रहेगा तो बड़ी कंपनियाँ आपको हरा देंगी।

2. आप दुकानदार को फायदा ज़्यादा दे दो प्रोडक्ट का रेट बढ़ा कर। लेकिन उस स्थिति में भी आपका प्रोडक्ट कम बिकेगा क्योंकि दुकानदार को ज़्यादा फायदा देने के लिए जैसे ही आप रेट बढ़ाओगे आपका प्रोडक्ट बहुत महंगा हो जायेगा दूसरी ब्रांड के मुकाबले। और आपका रेट पहले से ही महंगा था उसकी गुणवत्ता की वजह से।

तो आप फंस गए अब:

रेट कम तो गुणवत्ता कम करना होगा (जो की गलत होगा) और फायदा दुकानदार को ज़्यादा देंगे तो प्रोडक्ट महंगा हो जायेगा। तो आप फंस गए और ये है वितरण की पारंपरिक विधि की सबसे बड़ी कमजोरी जिसकी वजह से ना जाने कितनी बहुत अच्छी कंपनियों को बंद होना पड़ गया।

अभी भी आपके पास एक रास्ता बचता है विज्ञापन वाला, जिसमें आप अपने प्रोडक्ट का बड़े पैमाने पर विज्ञापन करते हैं, ताकि ग्राहक खुद जाकर दुकानदार से आपका प्रोडक्ट मांगे तो फिर दुकानदार को आपका प्रोडक्ट रखना और बेचना पड़ेगा चाहे फायदा कम हो। इससे दुकानदार को भी फायदा ही होता है क्योंकि अब मात्रा ज़्यादा निकल जाएगी विज्ञापन की वजह से प्रोडक्ट की।

लेकिन क्या करोड़ों का विज्ञापन करना सभी के लिए संभव है? एक स्टार्टअप के लिए तो ये करना बहुत मुश्किल होगा।

मतलब वितरण की पारंपरिक विधि की सभी ऐसी कमियों की वजह से ज़रुरत थी एक ऐसे प्रोडक्ट वितरण के तरीके की जो छोटी कंपनियों को भी मदद कर सके ब्रांड बनने में अगर उनका प्रोडक्ट अच्छा है तो। इसलिए मैं हमेशा कहता हूँ कि वितरण की पारंपरिक विधि का

इस्तेमाल उन कंपनियों को बिल्कुल भी नहीं करना चाहिए जिन का प्रोडक्ट बहुत अच्छा हो। क्योंकि उससे अच्छा तरीका है वितरण का जिसकी हम बाद में चर्चा करेंगे।

मुश्किलें पारंपरिक विज्ञापन के साथ:

हम पारंपरिक विज्ञापन फिल्मी सितारों से कराते हैं या किसी और से। एक तो फिल्मी सितारे पैसा लेते हैं और दूसरे टेलीविजन, रेडियो वाले। फिल्मी सितारे या टेलीविजन, रेडियो वाले सभी बहुत ज़्यादा पैसे लेते हैं विज्ञापन के लिए। करोड़ों रुपये लेने के बाद, कोई फिल्मी हीरो कितना भी बोल दे, की ABC कंपनी की कार लो लेकिन जब आप ABC की कार लेने जा रहे हों और उसी समय आपके कुछ खास दोस्त या परिवार के सदस्यों बोल दें कि ABC की कार मत लेना GHI कंपनी की कार लेना क्योंकि उसमें समस्या नहीं होती है और कार भी बहुत अच्छी होती है। तो आप कौन सी कार लेंगे?

आप 81 प्रतिशत संभावना है की GHI की कार लेंगे।

अगर आपके 4 दोस्त या परिवार के सदस्य आपको मना कर दें किसी प्रोडक्ट के लिए तो 81 प्रतिशत संभावना होती है कि आप वो प्रोडक्ट नहीं लेंगे और जिसकी वो तारीफ कर रहे होंगे आप वो ले लेंगे।

दोस्तों और परिवार के सदस्यों का हमारे निर्णय पर 81 प्रतिशत तक असर होता है। फिर करोड़ों रुपये देना फ़िल्मी सितारे को कहीं ना कहीं सही नहीं है। क्योंकि उससे प्रोडक्ट में एक बहुत बड़ी विज्ञापन की लागत जुड़ जाती है। इसको आगे और अच्छे से समझने की कोशिश करेंगे।

"वितरण का पारंपरिक तरीका आत्महत्या के बराबर है नई कंपनियों के लिए जिनके पास बहुत अच्छे प्रोडक्ट हैं लेकिन पैसे नहीं हैं"

जैसा की हमने देखा की वितरण के पारंपरिक तरीके में कैसे प्रोडक्ट अच्छे होने के बाद भी कंपनियों बंद हो जाती हैं। तो प्रोडक्ट के वितरण का एक नया रास्ता अपनाने की बहुत ज़्यादा ज़रूरत थी ऐसी कंपनियों के लिए जिनके प्रोडक्ट अच्छे थे और जायज़ रेट पर थे, जिसके तहत उनके प्रोडक्ट्स आगे ग्राहकों तक पहुंचाए जा सकें। साथ में साधारण प्रोडक्ट सेलिंग कंपनी भी बहुत ज़्यादा परेशान थी, इस 3-3 महीने के उधार वाली चीज़ की वजह से जो वितरण के पारंपरिक तरीके में होता है, जिसकी वजह से उन्हें भी ज़रूरत थी एक अलग वितरण का तरीका अपनाने की जहाँ ये उधार वाली समस्या ना हो, ताकि वो कंपनियाँ अपने प्रोडक्ट को बेच कर पैसा जल्दी पा सकें और जल्दी आगे बढ़ सकें।

मैंने वर्ष 2014 में NSIC से टॉयलेट पेपर मैन्युफेक्चरिंग का कोर्स किया था। जब मैं दिल्ली के महाराजा अग्रसेन इंस्टिट्यूट ऑफ़ टेक्नोलॉजी से MBA कर रहा था तो शुरू से अंत तक मैंने बहुत गंभीर होकर उस कोर्स को किया। मैंने ये सोचा था कि MBA समाप्त होते ही मैं टॉयलेट पेपर की मैन्युफैक्चरिंग स्टार्ट कर दूंगा। मैंने ब्रांड का नाम तक सोच लिया था। जैसे ही कोर्स खत्म हुआ मैं बहुत सारे टॉयलेट पेपर मशीन के मैन्युफैक्चरर्स से मिला और मुझे कुछ ऐसा पता चला जिसने मुझे उस व्यापार को शुरु करने से रोक दिया।

मुझे कोर्स में बताया गया था की 5 लाख रुपए में ये व्यापार शुरू किया जा सकता है। दरअसल लगभग 2 लाख रुपए की मशीन थी बाकि किराए और कर्मचारियों का वेतन सब कुछ मिला कर 5 लाख

रुपए में हमें समझाया गया था के ये टॉयलेट पेपर मैन्युफैक्चरिंग शुरू की जा सकती है। तो मैंने सोचा कि इतना तो मैं आराम से कर लूँगा।

लेकिन जब में वितरण वाले लोगों से मिला तो पाया के इस इंडस्ट्री में 90 दिनों का कम से कम उधार चलता है और 90 दिन तक की सप्लाई मुझे नियमित देनी होगी जो आराम से लगभग 30 लाख रुपए का उधार हो जाता। उधार वाले इस नियम की वजह से 5 लाख रुपए का व्यापार प्लान कम से कम 35 लाख रुपए का हुआ तो मैंने विचार छोड़ दिया क्योंकि 35 लाख रुपए का इंतजाम कर पाना मेरे लिए उस समय बहुत मुश्किल था। इससे आप समझ सकते हैं कि कैसे ये उधार का जाल पता नहीं कितने व्यापार खा जाता है। अगर मैं गलती से 5 लाख रुपए में शुरू कर देता और बाद में मेरे पास 30 लाख रुपए और नहीं होते तो 100 में से 90% चांस थे कि मेरे 5 लाख रुपए भी डूब जाते।

आपको नहीं लगता ये उधार अगर खत्म किया जा सके तो बहुत अच्छा हो जायेगा, नई कंपनियों के लिए और सबसे ज़्यादा उन कंपनियों के लिए जिनके पास प्रोडक्ट तो बहुत अच्छा है लेकिन ज़्यादा पैसे नहीं है?

(b) नेटवर्क मार्केटिंग क्या है?

अगर एक कंपनी वितरण के पारंपरिक तरीके से प्रोडक्ट को बेचती है तो उसका प्रोडक्ट अच्छा होकर भी, बिक्री नहीं होती क्योंकि आखिर में सब कुछ निर्भर हो जाता है दुकानदार और ग्राहक पर।

जैसा की पहले हमने विस्तार में समझने की कोशिश की थी की दुकानदार उसी को बेचने में मेहनत करेगा जिसमें उसको फायदा ज़्यादा हो या जिसकी मांग ज़्यादा हो। अच्छे प्रोडक्ट पर फायदा ज़्यादा देने के लिए या तो प्रोडक्ट का रेट कंपनी को बढ़ाना पड़ेगा या तो गुणवत्ता कम करनी होगी ताकि बनाने की लागत कम की जाये। दोनों ही सूरतों में कंपनी का नुकसान है। गुणवत्ता कम तो ब्रांड के लिए सही नहीं, कीमत और अधिक बढ़ाएँ तो महंगा हो जायेगा, जो की फिर से ग्राहक के लिए सही नहीं।

ग्राहक प्रोडक्ट खरीदने के लिए सिर्फ 3 तरीके से फैसला लेता है, पहले से इस्तेमाल करने वाला, सस्ता या जिसकी पैकेजिंग अच्छी हो। नई कंपनी का प्रोडक्ट अगर अच्छी गुणवत्ता का होगा सही रेट में तो वो तीनो श्रेणियों में नहीं आएगा।

तो अब अच्छे प्रोडक्ट वाली कंपनी क्या करे की उसका प्रोडक्ट बिक जाये? तो एक ही रास्ता बचता है के ग्राहकों के पास कंपनी खुद जाये और उनको समझाए क्यों उनकी कंपनी के प्रोडक्ट ग्राहक को लेने चाहिए। बिना किसी विज्ञापन तो अब प्रोडक्ट बिकना बहुत मुश्किल हो जायेगा, चाहे कितना भी अच्छा हो। विज्ञापन के लिए चाहिए पैसा। बल्कि विज्ञापन से तो ख़राब प्रोडक्ट भी बिक रहे हैं पहले से तो अब कंपनी को बहुत अच्छे विज्ञापन करवाने होंगे जो अच्छे तरीके

से प्रोडक्ट की गुणवत्ता के बारे में समझा पाए। ग्राहक को इस तरह से समझाना एक बहुत महंगा तरीका है।

तो सही यही है कि सीधा ग्राहक के पास जाएं और उसे ही समझाएं। जब अच्छे तरीके से ग्राहक को मिलकर, प्रोडक्ट्स के बारे में समझाया जायेगा तो प्रोडक्ट्स के बिकने की उम्मीद बढ़ जाएगी क्योंकि अगर ग्राहक को पता चल जाये कि सामग्री जिससे वो प्रोडक्ट बना है आर्गेनिक है या बहुत अच्छी गुणवत्ता वाली है तो अब ग्राहक वो प्रोडक्ट खरीद सकता है क्योंकि सभी को अच्छे प्रोडक्ट्स चाहिए होते हैं लेकिन रेट उचित होना चाहिए। लेकिन इस तरीके से प्रोडक्ट्स को बेचना कहीं ना कहीं एक बहुत ज़्यादा समय लेने वाली प्रक्रिया बन जाती है। एक कंपनी कितने ग्राहको तक खुद सीधे पहुँच सकती है?

ऐसी प्रॉब्लम का हल मिला जब कंपनियों ने एक स्मार्ट निर्णय लिया। कंपनियों ने सोचा की वितरण के पारंपरिक तरीके में और विज्ञापन में जो 60-70 प्रतिशत मूल्य बढ़ जाता था, कंपनियों को वो यहाँ बच रहा था लेकिन प्रोडक्ट बिकने की गति बहुत धीमी थी। तो गति तेज करने के लिए कंपनियों ने निर्णय लिया वो भी 60-70 प्रतिशत वितरण करेगी लेकिन अलग तरह से। कंपनियों ने अपने ग्राहकों को ही बोला के अगर आप हमारे प्रोडक्ट से खुश हों और उसे बढ़ावा देते हों तो एक अच्छे तरीके से हम आपको 60-70 प्रतिशत वितरण करेंगे।

"ग्राहक से ग्राहक बनाना और इस काम के लिए ग्राहक को पैसे देना है नेटवर्क मार्केटिंग"

चलो मान लेते हैं कि एक कंपनी अपने प्रोडक्ट की मूल्य का 60 प्रतिशत ग्राहकों में बांटना चाहती है। यहाँ अगर कंपनी सारा 60

प्रतिशत सीधा सिर्फ एक ग्राहक को दे दे जिसकी वजह से प्रोडक्ट बिका है तो ग्राहक तो खुश हो जायेगा और कंपनी भी लेकिन इसमें दरअसल ग्राहक को नुकसान होगा बहुत बड़ा।

नहीं समझे? चलिए समझाते है:

मान लेते हैं कि कंपनी ने सुमित को प्रोडक्ट बेचा और सुमित ने अब सोचा कि वो कंपनी का डिस्ट्रीब्यूटर बनेगा। मान लो सुमित के सुझाव से अमित ने प्रोडक्ट खरीद लिया। अमित के प्रोडक्ट खरीदते ही मान लेते हैं के 500 रुपये के प्रोडक्ट पर 300 रुपये कंपनी ने सुमित को दे दिए। मतलब कंपनी ने कोई तरीका नहीं बनाया नेटवर्क का और सीधा 60 प्रतिशत पैसे दे दिए स्पांसर को। इससे एक नुकसान है बहुत बड़ा ज़रा ध्यान से समझते हैं। अब मान लो की अमित के सुझाव से अब रोहित भी प्रोडक्ट खरीद लेता है। तो उस बिक्री का भी 500 रुपये में से 300 रुपये अमित को मिल जायेगा क्योंकि अब अमित स्पांसर है रोहित का। कंपनी को कोई परेशानी नहीं हुई क्योंकि 60 प्रतिशत ही बांटना था और वो अमित को दे दिया, लेकिन अब सुमित को बहुत बड़ा नुकसान हुआ क्योंकि उसे एक भी पैसा नहीं मिला रोहित का क्योंकि कंपनी तो हाथोंहाथ सारा पैसा सिर्फ स्पांसर को ही दे देती है। तो इस वजह से स्पांसर के स्पांसर के लिए कुछ भी नहीं बचता है देने को।

तो इसका मतलब अगर सभी रूपए एक साथ स्पांसर को ही दे दिया तो सभी ग्राहक पारंपरिक विक्रेता की तरह ही बन जाएंगे और जिसके सुझाव से जितनी बिक्री होगी उसे उसका पैसा मिल जायेगा। लेकिन अगर आपके ग्राहक ने आगे किसी और ग्राहक को प्रोडक्ट बिक्री किया तो आपको कुछ नहीं मिलेगा। तो ये भी एक एक्टिव काम हो जायेगा

क्योंकि जिस महीने या हफ्ते बिक्री नहीं हुई आपके सुझाव से उस महीने या हफ्ते आपको पैसे नहीं मिलेंगे। मतलब चाहे आप 1000 ग्राहक खुद बना दो अकेले, आपको एक बार पैसा मिलेगा लेकिन अगर वो 1000 ग्राहक आगे 10 हजार या 10 लाख ग्राहक बनाते हैं, उसमें से आपको कुछ भी नहीं मिलेगा। इससे सबसे बड़ा नुकसान यही होता है कि डिस्ट्रीब्यूटर कभी अपनी टीम के काम का नहीं कमा पाता है। बल्कि आपका ग्राहक ही आपका प्रतियोगी बन जायेगा अगली बिक्री में। तो मान लो सुमित ने अमित को ग्राहक बनाया। अब सुमित और अमित दोनों रोहित को जानते हैं तो वो दोनों अब एक टीम की तरह काम नहीं करेंगे बल्कि दोनों लड़ेंगे की रोहित को कौन पहले सुझाव देकर बिक्री करेगा क्योंकि पैसे उसी को मिलेंगे दूसरे को नहीं। ना ही कोई टीम में काम की भावना आएगी ना लोग कभी भी टीम में काम करेंगे। टीम के काम का फायदा नहीं मिलेगा तो असलियत में इससे सभी डिस्ट्रीब्यूटर्स को नुकसान होगा।

तो सही यही होगा कि एक साथ बिक्री का सारा पैसा सीधा स्पांसर को ना दिया जाये बल्कि लेवल की हिसाब से वितरित किया जाये। कुछ नेटवर्क संरचना बनाई जाये और फिर उसके हिसाब से पेआउट दिया जाये। मतलब सुमित के सुझाव से अगर अमित प्रोडक्ट खरीदे तो सुमित को पैसा मिले लेकिन जब अमित के सुझाव से रोहित प्रोडक्ट खरीदे तब भी सुमित का फायदा हो। तो अलग अलग कंपनियों ने अलग अलग तरह से पैसा बाँटने का तरीका बनाया, जैसे की कुछ बाइनरी से, तो कुछ जनरेशन से, तो कुछ किसी और तरीके से डिस्ट्रीब्यूट करने लगीं, अपने पेआउट मार्जिन को।

अपने अकेले के काम का 100 प्रतिशत आपकी 1000 लोगों की टीम के काम के 5 प्रतिशत से बहुत कम हो सकता है। मान लो आप

अकेले 100 प्रतिशत काम कर के 1 लाख रुपए कमाते हो लेकिन अगर आपको बोला जाये कि अपना 100 प्रतिशत रख लो मतलब 1 लाख रुपए या फिर 1 लाख रुपए प्रति व्यक्ति कमाने वाली 1000 लोगों की टीम की कमाई का 5 प्रतिशत। तो आप क्या लोगे?

1000 लोगों की टीम की कमाई का 5 प्रतिशत, अगर आपकी टीम में 1000 लोग है जिनकी कमाई 1 लाख रुपए प्रति व्यक्ति है तो उन सब की कमाई का 5 प्रतिशत हो जायेगा 1000*1,00,000*0.05 = 50 लाख रुपए जो की आपकी अकेले की कमाई से 50 गुना अधिक होगा। इसका मतलब ये ज़्यादा सही होता है कि पैसा एक साथ ना डिस्ट्रीब्यूट किया जाये बल्कि एक स्ट्रक्चर बना कर पैसा डिस्ट्रीब्यूट किया जाये।

इससे फायदा डिस्ट्रीब्यूटर का ही होता है। नेटवर्क मार्केटिंग में आप दो चीज़ें कमाते हो:

1. इन्सान

2. पैसा

नेटवर्क मार्केटिंग में आपको कम्पाउंडिंग की ताकत का लाभ मिल जाता है। कंपाउंडिंग का मतलब होता है कमाई करना, पहले से की गयी कमाई से। आपकी कमाई है नेटवर्क मार्केटिंग में पैसे और इन्सान। मतलब के आपके सुझाव से अगर 10 लोगों ने प्रोडक्ट खरीदा तो आपने एक तो पैसे कमाए, 10 लोगों के प्रोडक्ट खरीदने से और साथ में दूसरी कमाई की आपने 10 लोगों को भी कमा लिया। ये 10 लोग जो आपने कमाए हैं यही आपको कम्पाउंडिंग का मजा दिलाएंगे। अब इन 10 लोग के सुझाव से आगे अगर 100 लोग प्रोडक्ट खरीदते हैं तो भी पैसा आएगा आपको। मतलब आपकी सीधी

कमाई थी आपके खुद के 10 लोग और जो अपने पैसे कमाए इन 10 लोगों के प्रोडक्ट खरीदने से। अब जब ये 10 लोगों की वजह से आगे 100 लोगों ने प्रोडक्ट खरीदा और तब तभी आपको पैसे मिले, इसको कहते है कमाई से कमाई करना मतलब कम्पाउंडिंग।

नेटवर्क मार्केटिंग में आपको ताकत फ्रेंचाइज़िंग की भी मिलती है। जिससे हम ऐसे समझ सकते हैं कि मान लो आपकी टीम में 1000 लोग हैं लेकिन काम सिर्फ 100 ही कर रहे हैं तब भी आपको पैसा मिलेगा। मतलब आपकी पैसिव आय शुरू हो जाती है।

(c) पैसिव आय की ज़रूरत क्या है?

आप जान कर हैरान हो जाएंगे के 78 प्रतिशत लोगों का मन ना नौकरी में होता है ना व्यापार में। वो नौकरी और व्यापार दोनों सिर्फ इसलिए करते हैं क्योंकि उन्हें घर चलना है। समाज ने ज़्यादातर यही 2 विकल्प दिए हैं लोगों को पैसा कमाने के। इसलिए 78 प्रतिशत लोग खुश नहीं हो पाते अपनी पूरी जिंदगी में क्योंकि वो लोग पैसा कमाने के लिए चाहे नौकरी करें या व्यापार, दोनों ही मन को मार कर करते हैं, बिना किसी रुचि के। उनकी रुचि है नृत्य, गायन, कविता, ट्रेवेलिंग आदि में लेकिन बेच रहे हैं वो म्यूचुअल फंड या फिर कहीं दुकान खोली हुई है। इससे क्या होता है की पैसा कमाने के बाद भी लोग खुश नहीं रह पाते अपनी पूरी जिंदगी में क्योंकि जब तक हम वो नहीं करते जो हमारी रुचि का ना हो, हम सही मायने में खुश नहीं रह सकते। लेकिन ये भी बहुत ध्यान देने की बात है कि जिंदगी के अलग अगल चरणों पर आपकी रुचि बदल सकती है।

जैसे मेरी एक दोस्त है जिसकी रुचि एक समय बहुत ज़्यादा नृत्य में थी लेकिन जब उसने नृत्य किया कुछ साल तो उसने पाया की उसकी रूचि असल में योग में ज़्यादा है। आज वो सिर्फ योग करती है और योग के साथ ही लोगों की मदद भी करती है और वो बहुत खुश भी है। बहुत ज़्यादा ज़रूरी है अगर आपको रूचि का काम करना है तो पहले एक ऐसी कमाई का साधन बनाओ जहाँ से आपको पैसे आते रहें ताकि आपकी दैनिक ज़रूरतें पूरी होती रहें। तभी आप अपनी रूचि का काम आराम से कर पाएंगे क्योंकि फिर आपकी रूचि का काम करके आपको पैसे आये या ना आये आप खुश रहेंगे क्योंकि रूचि वाला काम आप खुश रहने के लिए कर रहे हैं। ऐसा ना हो आप रूचि का काम कर रहे हैं लेकिन आपके पास खाने तक के पैसे नहीं बचे।

बहुत बार लोग मुझसे पूछते हैं कि कैसे पता लगाए कि जो वो कर रहे हैं उसमें उनकी रूचि है या नहीं है। तो आप सभी पता लगा सकते हैं कि आप जो कर रहे हैं वो आपकी रूचि का काम है या सजा:

आप लोग जब आपकी पसंद का कोई खेल खेलते हैं तब आपको कैसा लगता है? अगर आप क्रिकेट खेलते हैं तो जब आप उसे 6 घंटे लगातार खेलते हैं तो आपको फील्ड पर पसीना आता है, आप मिटटी में गंदे हो जाते हैं, साथ ही आपकी बहुत ज़्यादा मानसिक और शारीरिक ऊर्जा का भी इस्तेमाल होता है। फिर भी आप उस क्रिकेट के खेल को खेलने के बाद कैसा महसूस करते हैं? ताज़ा एहसास करते हैं या चेहरा उतरा हुआ होता है?

आप असली में ताज़ा महसूस करते हैं और आपका मन करता है अगले दिन भी ऐसा ही एक और क्रिकेट का खेल हो जाये तो मजा आ जायेगा।

उसी तरह से आपको ये सोचना है कि आप जब अपनी नौकरी या व्यापार से बाहर निकलते हैं शाम में 6 बजे तो आपको कैसा महसूस होता है? अगर आपका मन वैसे ही आवाज करता है जैसे क्रिकेट खेलने के बाद अगले दिन करता है कि कल फिर से आएंगे और खेलेंगे मजा आएगा तो आप सही जगह पर हो। मतलब आपने देखा होगा हर ऑफिस में 2-4 प्रतिशत ऐसे लोग होते हैं जो हँसते हुए बाहर आते हैं और खुश होते हैं अगले दिन दोबारा ऑफिस आने के लिए और काम करने के लिए। तो अगर आप उन 2-4 प्रतिशत लोगों में से हैं तो आप सही जगह पर हैं।

लेकिन अगर आप गुस्से में, थके हुए और शनिवार, रविवार या किसी भी अन्य छुट्टी का इंतजार करते हुए रोजाना बाहर आते हैं तो आप वो काम कर रहे हैं जो आपकी रूचि का नहीं है। मतलब आपको ज़रूरत है इस परिस्थिति को जल्द से जल्द बदलने की।

हम सबके अंदर एक बच्चा होता है जिसे बड़े होते हुए हम दबा देते हैं और सोचते हैं कि उस बच्चे से अलग होना ही बड़ा होना है। लेकिन वो बच्चा पूरी उम्र हमारे ही अंदर रहता है, कहीं किसी कोने में छुपा हुआ बैठा रहता है, डर से की कहीं वो बाहर आये तो जिम्मेदारियों का बोझ उसे मार ना दे। लेकिन वो बच्चा उसी में खुश होता है जो हमारी रूचि का काम होता है। जैसे अगर आपकी रूचि एक गायक बनने की है तो आपके अंदर का बच्चा तब ही खुश रहेगा जब आप कुछ गाएंगे। लेकिन आप क्या कर रहे हैं? किसी जगह बैठ कर GST रिटर्न भर रहे हैं।

लेकिन आप कभी किसी भी बुजुर्ग आदमी से पूछना जिनकी कोई रूचि रही हो जिससे वो पूरा ना कर पाए हों। जैसे ही आप 60 साल की उम्र पार करते हैं, आपके अंदर का वो बच्चा बाहर आने लगता है जिसको आपने छुपा रखा था। अब वो बच्चा आपको ये एहसास दिलाने लगता है के आपने जिंदगी सिर्फ घर बनाने, EMI भरने, बच्चों को पढ़ाने में निकाल दी। आप सभी के लिए जिए लेकिन खुद के लिए जीना भूल गए। जब आप अकेले होते हो बुढ़ापे में तब आपके अंदर वाला बच्चा ही सिर्फ आपके साथ होता है हर समय, तब आपके सभी दोस्त कहीं और रह रहे होते हैं और आपके बच्चे कहीं और। आपके अकेलेपन में आकर वो आपसे पूछेगा के आपने उसके साथ ऐसा क्यों किया? आप उसे कितना भी बता देना आपने

पैसे कमाए, घर बनाया उसे फ़र्क नहीं पड़ेगा क्योंकि उसे तो गायक बनना था।

अगर आपको कोई ऐसा रास्ता मिल जाये, जहाँ से आप इतना पैसा बिना ज़्यादा मेहनत करे कमा लो, जिससे आपका घर का खर्चा चल जाये, साथ ही साथ आप अपने व अपने परिवार के सपने पूरे भी कर पाएं तो भी क्या आप वो नौकरी या व्यापार करेंगे जो आप अभी कर रहे हैं? अगर नहीं करेंगे और अपनी रूचि का काम पूरा करने लगेंगे तो अब हम ये मान सकते हैं, की अपने रूचि का काम आप तभी अच्छे से कर सकते हैं जब आपके पास एक पैसिव इनकम हो।

पैसिव इनकम का मतलब होता है एक ऐसी कमाई जो आपको ऐसी जगह से आये जहाँ आप अभी सक्रिय रूप से ज़्यादा काम नहीं कर रहे हैं, जिसके लिए आप अब ज़्यादा मेहनत नहीं करते लेकिन फिर भी वो आपको मिलती रहती है। हम कई तरीकों से पैसिव इनकम कमा सकते **हैं, जैसे की:**

1. अगर आपके पास एक घर है जिससे आपने किराया पर दिया हुआ है तो आपको हर महीने किराया मिलता है और उसके लिए आपको सक्रिय रूप से कोई काम नहीं करना पड़ता है। लेकिन ज़मीन जायदाद से पैसिव इनकम बहुत कम लोग ही कमा पाते हैं क्योंकि ज़मीन जायदाद खरीदने के लिए पहले बहुत पैसा भी चाहिए होता है। तो अगर किसी के पास पहले से ज़मीन जायदाद नहीं है तो उनके लिए बहुत मुश्किल हो जाता है इस तरह की पैसिव इनकम को बनाना।

2. कार या बाइक को आप OLA या कई अन्य जगह किराये पर लगा सकते हैं, जहाँ से आपको एक पैसिव इनकम आ सकती है। लेकिन इसकी सबसे बड़ा कमी ये है के अगर आपको कार और बाइक

के रख-रखाव का ज्ञान नहीं है तो आप नुकसान में भी जा सकते हैं। ड्राइवरों को संभालना और वाहनों के रख-रखाव का काम कहीं ना कहीं इस तरीके से पैसिव इनकम को बहुत कठिन बना देता है।

3. आप बैंक में पैसे रख कर बचत खाता, FD इत्यादि तरीके से भी पैसिव इनकम कमा सकते हैं। लेकिन वहाँ से इतनी पैसिव इनकम कमाने के लिए, जिससे आपका घर चल जाये, आपके पास बहुत पैसा होना चाहिए बैंक में। साथ में बैंक में पैसा रखना कहीं ना कहीं पैसे को बढ़ाना नहीं कम करना होता है। क्योंकि हमें बैंक से उतना या उससे कम ही पैसा मिलता है जितना देश में इन्फ्लेशन होता है। बैंक हमारे पैसे पर कमाता है, हम नहीं। हमें सिर्फ एक सुरक्षा मिल जाती है हमारे पैसों की लेकिन वो भी पूरे पैसों की नहीं होती है।

4. शेयर मार्किट से भी हम पैसिव इनकम कमा सकते हैं लेकिन वहाँ पर जोखिम भी होता है। मतलब अगर आप किसी कंपनी के शेयर खरीदते हैं, तो अगर वो कंपनी विकास करती है तो आपके 1 लाख रुपये 50 लाख रुपये भी हो सकते हैं जिसमे 49 लाख रुपये आपकी पैसिव इनकम होगी, लेकिन ऐसा भी हो सकता है आपके 1 लाख रुपये में से 1000 रुपये भी ना रहे।

5. आप ब्लॉग लिख सकते हैं या यूट्यूब चैनल इत्यादि शुरू कर सकते हैं। लेकिन यहाँ भी शुरुआत में पैसा कमाना बहुत मुश्किल होता है। यदि आपके पास प्रतिभा है तो आप इनके द्वारा भी पैसिव इनकम शुरू कर सकते हैं।

6. आप नई कंपनियों में निवेश कर सकते हैं लेकिन ये तभी मुमकिन होता है जब आपके पास पैसा हो जिसके साथ आप जोखिम ले सकें।

नई कंपनियों में निवेश करना एक बहुत बड़ा जोखिम होता है लेकिन साथ ही यहाँ पुरस्कार भी बहुत बड़ा हो सकता है।

7. नेटवर्क मार्केटिंग सबसे अच्छा तरीका है पैसिव इनकम कमाने का। यहाँ आपका निवेश बहुत कम होता है। आपको इस्तेमाल के उत्पादों या सेवाओं को खरीदना होता है और आप इस इंडस्ट्री का हिस्सा बन जाते हैं। यहाँ आपको जो प्रोडक्ट अच्छा लगे इस्तेमाल करने में उसी को आप आगे सुझाव दे कर ग्राहकों की एक टीम बना सकते हैं। क्योंकि यहाँ टीम के काम का भी आपको पैसा मिलता है इसलिए जब आपकी टीम बहुत बड़ी बन जाती है तो आपकी एक पैसिव इनकम शुरू हो जाती है।

आपको पता है मैं नेटवर्क मार्केटिंग को सबसे अच्छा तरीका क्यों बोलता हूँ पैसिव इनकम का? क्योंकि यहाँ आपकी इनकम गुना होकर बढ़ती है। 1 करोड़ रुपये का घर आपको 40 हजार रुपये किराया दे देगा प्रति माह और फिर हर साल किराया 10 प्रतिशत बढ़ेगा। लेकिन फ्री की नेटवर्क मार्केटिंग में आपकी कमाई 40 हजार रुपये से अगले साल 4 लाख रुपये भी हो सकती है क्योंकि यहाँ टीम के काम का भी पैसा आता है।

पैसिव आय आने से अगर हमें जो काम पसंद हो, हम वो काम करने लग जाते हैं और अगर उस काम को करने से हमें आय भी आने लगती है तो सोने पर सुहागा हो जाता है। जुनून जब पैसे देने लगता है, तब आता है एक अलग ही मजा।

78 प्रतिशत लोगों को अगर खुश रहना है जिंदगी तो उन्हें उनके जुनून, उनकी रूचि वाला काम करना होगा, और ये करने से पहले

उन्हें पैसिव आय चाहिए होगी। पैसिव आय के लिए उन्हें नेटवर्क मार्केटिंग करनी चाहिए।

नेटवर्क मार्केटिंग बदनाम क्यों है?

(a) नेटवर्क मार्केटिंग की भारत यात्रा

दुनिया में नेटवर्क मार्केटिंग की शुरुआत कहाँ से हुई, इसकी कोई एक राय नहीं है। लेकिन कैलिफोर्निया विटामिन कंपनी (जो बाद में Nutrilite बनी) और कैलिफोर्निया परफ्यूम कंपनी (जो बाद में Avon Products बनी) दुनिया की सबसे पहली कंपनियों में से है। कार्ल फ रेहनबोर्ग ने सन् 1930 में खुद के विटामिन प्रोडक्ट्स बनाये। उन्होंने अपने प्रोडक्ट्स बेचने शुरू किये कैलिफ़ोर्निया विटामिन कंपनी के नाम से और फिर सन् 1939 में कंपनी का नाम बदल कर Nutrilite कर दिया और सन् 1945 में उन्होंने खोज की MLM कांसेप्ट की अपने विटामिन प्रोडक्ट्स को बेचने के लिए। सन् 1994 में Amway ने Nutrilite का पूरा मालिकाना हक़ ले लिया।

नेटवर्क मार्केटिंग कांसेप्ट की ताकत की वजह से Amway, Nutrilite और भी बहुत सारी कंपनियों की बिक्री जब बहुत तेज़ी से बढ़ रही थी तब दुनिया को पता लगा नेटवर्क मार्केटिंग की शक्ति का। क्योंकि इसमें ताकत होती थी टीम वर्क की और साथ ही साथ हमारे परिवार और दोस्तों के सुझाव की इसलिए इसकी वजह से नेटवर्क मार्केटिंग कंपनियों के प्रोडक्ट्स की बिक्री कई गुना बढ़ गयी।

भारत में भी नेटवर्क मार्केटिंग आया 3 तरह से:

1. पहला, इसे बाहर से कंपनियों लेकर आईं।
2. दूसरा, बाहर की कंपनियों के नेटवर्क मार्केटिंग के इस्तेमाल करने से उनकी बढ़ती हुई तरक्की को देख कर, भारतीय कंपनियों ने इसे इस्तेमाल करना शुरू किया।
3. तीसरा, उन कंपनियों ने, जिन्हें बनाया बाहर या भारत की कंपनियों में काम करने वाले नेटवर्कर्स ने।

सबसे खतरनाक और इस इंडस्ट्री को नकारात्मक बनाने वाला जो कारण बना, वो थी ज़्यादातर यह तीसरी तरह की कंपनियाँ।

देखो दुनिया में नेटवर्क मार्केटिंग से पहले प्रोडक्ट आया, जब उसको बेचने के लिए या उसकी बिक्री बढ़ाने के लिए समस्या हुई तो नेटवर्क मार्केटिंग को इस्तेमाल किया गया। लेकिन जो नेटवर्कर भारत आये, बाहर की कंपनियों में नेटवर्क मार्केटिंग की ताकत देख कर या जिन्होंने पहले कुछ भारतीय कंपनियों में काम किया और इस नेटवर्क मार्केटिंग की ताकत को देखा और खुद की कंपनी बनाने का सोच लिया, उनकी वजह से शुरू हुई रिवर्स इंजीनियरिंग नेटवर्क मार्केटिंग की भारत में।

(b) भारत में नेटवर्क मार्केटिंग की रिवर्स इंजीनियरिंग:

साधारण तौर पर कंपनियों के पास पहले प्रोडक्ट होता था और फिर उससे बेचने के लिए नेटवर्क मार्केटिंग इस्तेमाल की जाती थी। लेकिन भारत की या बाहर की कंपनियों में काम करने वाले नेटवर्कर वाले तीसरे वर्ग ने जब कंपनियाँ खोलीं तब ना इन लोगों के पास कोई प्रोडक्ट होता था, ना ही सेवाएं, ये लोग सिर्फ नेटवर्क मार्केटिंग की ताकत को बेचना करना चाहते थे।

अब इनके लिए अच्छा प्रोडक्ट बनाना या अच्छी सेवाएं बनाना तो मुश्किल काम था तो इन्होंने दिमाग चलाया और ऐसे प्रोडक्ट्स या सेवाएं बनाईं जो लोगों को लगे कि उनके काम के हैं लेकिन असल में ना तो प्रोडक्ट्स इस्तेमाल के थे और ना ही सेवाएं, 90 प्रतिशत से ज़्यादा लोग इस्तेमाल कर पाते थे। कहीं कुछ प्रोडक्ट होते भी थे तो उनका दाम जान बुझ कर बहुत ही ज़्यादा रखा जाता था। इनका उद्देश्य था पैसा घुमाना। मनी सर्कुलेशन करना कानून के अनुसार एक अपराध है तो कूड़ा कचड़ा प्रोडक्ट और सेवाएं सिर्फ नाम के लिए, ऐसी कंपनियों ने रख लीं। जिससे की वो कंपनियाँ मनी सर्कुलेशन कंपनी होकर भी कानूनी रूप से नेटवर्क मार्केटिंग कंपनियों जैसी दिखें। परंपरागत बाजार में जो प्रोडक्ट 1 हजार रुपये का मिल रहा था उसे ये कंपनियों 10 हजार रुपये से भी ज़्यादा में बेचने लगीं।

ऐसी नेटवर्क मार्केटिंग कंपनियाँ 3 तरह के प्रोडक्ट्स या सेवाएं ले कर आईं:

सबसे पहली: एजुकेशन पैकेज वाली

इस तरह की कंपनियों ने ऑनलाइन या ऑफलाइन तरह से बेचे जाने वाला एक एजुकेशन पैकेज बनाया, जिसे ऑफलाइन CD में डाल कर या ऑनलाइन बेचना शुरू किया।

जो कोर्स बच्चों को बेचा जाता था उसका मूल्य लगभग शून्य होता था। उस कोर्स से कोई कुछ नहीं सीख पाता था। उससे ज़्यादा एडवांस कोर्स बच्चे फ्री में इंटरनेट या पुस्तकों के माध्यम से कर सकते थे। उस कोर्स की कोई मान्यता नहीं थी जिसके आधार पर किसी को नौकरी मिल पाए और 90 प्रतिशत बच्चे उसे खरीदते ज़रूर थे लेकिन पढ़ते नहीं थे। बच्चों को असलियत में कोर्स नहीं पैसे दिखा कर शामिल करा लिया जाता था। नेटवर्क मार्केटिंग जो काम था वो ये था पहले प्रोडक्ट इस्तेमाल करो और अच्छा लगे तो अपने दोस्तों और परिवार को बोलो लेने के लिए। अगर उन्हें भी उस प्रोडक्ट की ज़रूरत हो तो। लेकिन ये कंपनियाँ ऐसा प्रोडक्ट बेच रही थीं जिसे 90 प्रतिशत ग्राहक इस्तेमाल ही नहीं कर रहे थे। ये कंपनियों भी नहीं चाहती थी ग्राहक का ध्यान जाये प्रोडक्ट पर। उनका मकसद था सभी नेटवर्क मार्केटिंग करें क्योंकि प्रोडक्ट तो सिर्फ मनी सर्कुलेशन के लिए था।

फिर आयी: ट्रेवल पैकेज वाली

इस तरह की कंपनियों ने लोगों को बेवकूफ बनाने का एक नया तरीका निकला जो था एक ऐसी सेवाएं देना जिसे 98.67 प्रतिशत ग्राहक इस्तेमाल ही ना कर पाएं। इनका प्लान कुछ इस तरह का होता था की आप 15 हजार रुपये दीजिये ऐसी कंपनियों को और बदले में आपको मिलेगा ट्रेवल पैकेज जिसको इस्तेमाल करके आप साल में 1 से 3 बार तक अलग अलग जगह घूमने जा सकते हो और हर बार

आपको 3 या 4 स्टार होटल मिलेगा रहने को और फिर वही पैसे दिखाना शुरू हो जाता था कि कैसे इस इंडस्ट्री से आप बन जाएंगे करोड़पति।

लोगों को लगता था ये तो बहुत अच्छी सेवाएं है और वो इन्हें खरीद लेते थे। बाद में जब वो सेवाएं लेने जाते थे तो उन्हें कुछ इस तरह की शर्तें बता दी जाती:

1. कम से कम 21 दिन पहले बुकिंग करना होगा होटल का, आपको पता है अगर आप 3 दिन पहले प्लान बनाते हैं कहीं घूमने का अपने दोस्तों के साथ तो 80 प्रतिशत संभावना ये होती है कि प्लान रद्द हो जायेगा। तो आप सोचिए कि 21 दिन पहले ये रद्द की संभावना कितना ज़्यादा होती होगी? और इनके नियम यही खत्म नहीं होते थे। अगर आप बुक करने के बाद परिवर्तन करना चाहेंगे तारीख को तो आपका पैकेज रद्द हो जायेगा और आप उसको दोबारा इस्तेमाल नहीं कर पाएंगे।
2. अब जिन्होंने पैसे दिए होते थे वो सोचते थे इसे एक बार तो ज़रूर इस्तेमाल करेंगे क्योंकि पैसे दिए हैं तो लोग बोलते थे की ठीक है 21 दिन पहले ही बुक करा लेते हैं। आप हमारा होटल मई महीने में बुक कर दो क्योंकि तब तो सभी बच्चों की भी छुट्टी होती है। तब आपको इनका दूसरा नियम रोक देता था क्योंकि उसमें होता था आपको तब हे ये सेवाएं मिलेंगी जब घूमने का मौसम नहीं होगा। मतलब जब पूरी दुनिया में कोई घूमने नहीं जाता तब ही आप इसको इस्तेमाल कर सकते हैं।
3. कई बार और नियम भी बना दिए जाते थे जैसे कि, आप 3 जगह बताएंगे, उसमें से आप कहाँ जा सकते हैं, ये कंपनी बताएगी आपको।

तो आप बड़े आराम से समझ सकते हैं कि इन सभी नियमों की आड़ में एक मनी सर्कुलेशन कंपनी चल रही थी क्योंकि लोगों को उनके पैसे के बदले कुछ नहीं मिल रहा था। लोगों से जिस चीज़ के लिए पैसे लिए जा रहे थे उसको 98.67 प्रतिशत लोगों को इस्तेमाल ही नहीं करने दिया जाता था।

फिर आयी: कोट पैंट वाली

ऐसी कंपनियों ने सोचा के अगर लोगों को बेवकूफ ही बनाना है और पैसे ही घुमाने हैं तो एजुकेशन पैकेज बनाना या फालतू का ट्रेवल पैकेज बनाने से ज़्यादा आसान है एक कोट पैंट का कपड़ा लो और उससे 10 गुना या 15 गुना रेट पर बेच दो। मतलब जो कोट पैंट का कपडा आपको परंपरागत तरीके में दुकान से 1500 रुपये का मिल जाता है उससे वो कंपनी 15 हजार रुपये तक के रेट में बेचने लगी नेटवर्क मार्केटिंग में। ऐसा कैसे मुमकिन हुआ? हम वही समझेंगे अभी।

वैसे मजे की बात ये है के कोट पैंट वाली कंपनियों का बेवकूफ बनाने का तरीका एजुकेशन पैकेज और ट्रेवल पैकेज बेचने वाली कंपनियों को इतना अच्छा लगा की उन्होंने भी कोट पैंट रख लिए। आप देख सकते हैं, अब जो कंपनी पहले एजुकेशन पैकेज बेचती थी वो भी अब कोट पैंट बेच रही है और जो कम्पनी पहले ट्रेवल पैकेज बेच रही थी वो भी अब कोट पैंट बेच रही है।

इसी से पता चल जाता है इन कंपनियों का कि ये शुरू से ही नेटवर्क मार्केटिंग की ताकत बेचती आयी हैं, फालतू या जान बुझ कर महंगे किये हुए प्रोडक्ट्स की आड़ में।

चलो एक और मज़े की बात बताता हूँ आपको। आजकल इन तीनों तरह की कंपनियाँ अपना पेआउट प्लान बदल रही हैं। मज़े की बात ये है की इन सभी कंपनियों को लग रहा है कमी इनके पेआउट प्लान में थी, ना की इनके घटिया प्रोडक्ट्स और सेवाओ में।

(c) मोटिवेशन का ज़हर:

क्या आपने कभी सोचा है कि फालतू वाले एजुकेशन पैकेज, ट्रेवल पैकेज और 10 गुना से ज़्यादा महंगे कोट पैंट बेचने वाली कंपनियों ने कैसे इतने घटिया और जान बुझ कर महंगे किये हुए प्रोडक्ट्स 4 करोड़ लोगों को बेच दिए होंगे?

इसका उत्तर है मोटिवेशन में। इन सब कंपनियों ने, ना तो प्रोडक्ट बेचे, ना ही सेवाएं बल्कि इनका असली प्रोडक्ट था मोटिवेशन।

चलो दो उदहारण लेते है:

1. मान लो आप 15 हजार रुपये का एक मोबाइल लेने जा रहे हैं किसी दुकान पर और तभी आपका कोई दोस्त या परिवार का सदस्य आकर आपको बोलता है कि आप उसकी कंपनी से, जिसमें वो काम करता है, वही मोबाइल फ़ोन, उसी कंपनी का, वही मॉडल, उसी रेट में ले लो। तो आप क्या करेंगे? आप सोचेंगे कि अगर 15 हजार रुपये में ही वही फ़ोन मिल रहा है तो दोस्त या परिवार वाले से ले लेते हैं।

अगर आपका वही दोस्त या परिवार वाला बोलता है की उसकी कंपनी से वही फ़ोन उसी रेट में लेने से आपको एक और फायदा होगा के आप अगर उस फ़ोन को किसी और को बोलते हैं खरीदने के लिए उनकी कंपनी से और अगर आपके कहने से कोई मोबाइल खरीदता है तो आपको कुछ पैसे भी मिलेंगे। तब तो आप पक्का वहाँ से ही ले लेते। आप सोचेंगे के अगर किसी ने आपके कहने से उस मोबाइल को ना भी ख़रीदा तब भी आपका कोई नुकसान नहीं है। क्योंकि आप वैसे भी उस फ़ोन को उसी रेट में खरीदने ही वाले थे। तो अब आप अगर आगे नहीं भी पैसे कमा पाए तब भी आपको दुःख नहीं होगा।

2. मान लो आप 15 हजार रुपये का एक मोबाइल लेने जा रहे हैं किसी दुकान पर और तभी आपका कोई दोस्त या परिवार का सदस्य आकर आपको बोलता है कि आप उसकी कंपनी से जिसमें वो काम करता है, उसका मोबाइल फ़ोन खरीद लीजिए। ये बोल कर वो एक सस्ता सा कीपैड वाला 2G फ़ोन, जिसकी कीमत मुश्किल से 1500 रुपये होगी आपको दे और बोले 15 हजार रुपये दो उस फ़ोन के तो आप क्या करेंगे?

आप नहीं खरीदेंगे लेकिन उन्हें तो बेचना है आपको, जैसे उन्होंने करोड़ो लोगों को बेचा है। जानना चाहेंगे ऐसी कंपनियों ने कैसे बेचा अपना घटिया प्रोडक्ट करोड़ो लोगों को? इन कंपनियों ने कभी भी प्रोडक्ट बेचा ही नहीं बल्कि इन्होंने लोगों को उन्हीं के सपने बेच दिए।

नेटवर्क मार्केटिंग इंडस्ट्री में आने के बाद में भारत के कई राज्य घूमा और मैंने एक चीज़ महसूस की कि हमारे भारत के लोगों के सपने बहुत कम हैं और बहुत सरल भी।

हमारा यहाँ 90 प्रतिशत से ज़्यादा लोग सिर्फ 3 चीज़ें ही चाहते हैं:

1. किसी का घर नहीं है, तो घर बन जाए

2. घर में बाइक या कार नहीं है, तो बाइक या कार आ जाये और

3. बच्चों को अच्छे से पढ़ाना और उनकी अच्छे से शादी करना

भारत के 90 प्रतिशत लोग सिर्फ इन्हीं 3 सपनों को पूरा करने में अपनी जिंदगी निकाल देते हैं और इन सभी लोगों के पास जब ये कंपनियाँ गईं तो इन्होंने लोगों को प्रोडक्ट नहीं बेचे बल्कि उन्हीं के सपने उन्हीं को बेच दिए, उन्हीं से पैसे लेकर।

उदाहरण के लिए इसको ऐसे समझा जा सकता है कि लोगों के पास जब ये कंपनियाँ गईं और जब उनसे 1500 रुपये के प्रोडक्ट के लिए

15 हजार रुपये मांगे तब जैसे ही ग्राहक देखता प्रोडक्ट को तो कंपनी के डिस्ट्रीब्यूटर उनको बोलता कि भाई हम यहाँ प्रोडक्ट बेचने थोड़ी ना आये हैं, प्रोडक्ट को मत देखो बल्कि इसके साथ जो अवसर है उसको देखो और ये बोल कर वो लोगों को एक मोटिवेशनल सेमिनार में ले जाता और अभी भी ले जा रहा है, जहाँ एक आदमी कोट पैंट में यही बात बोल रहा होता है:

1. वो किराये के घर में रहता था आज उसके पास खुद का बंगला है
2. वो बस में सफर करता था आज उसके पास महँगी कार है

जब वो कोट पैंट वाला मोटिवेशनल स्पीकर ये सब बोल रहा होता है तब वहाँ फिल्मी गाने बजाये जाते हैं और 10-15 लोग उसके आगे पीछे मुजरा करने लगते हैं। लोग जब बैठ कर ये सब देख रहे होते हैं, तब उनके अंदर के टूटे हुए सपने जग जाते हैं।

सपने की एक बहुत अच्छी बात है कि वो कभी भी मरते नहीं है

अपने देखा होगा के जब हम छोटे बच्चे होते हैं, मान लो 15 साल के, तब हम अगर कोई भी महँगी कार, रेसिंग बाइक, बड़ा घर या जो भी हमें पसंद हो उससे देखते हैं, तो कहते हैं कि हम बड़े होकर पक्का उसे खरीदेंगे। लेकिन ज़्यादातर जैसे ही हम थोड़े और बड़े होते हैं, कॉलेज में जाते हैं, तब तक हमारी शिक्षा प्रणाली और समाज हमारी सोच ऐसी बना देती है की अब हमें वो महँगी कार, रेसिंग बाइक या बड़ा घर दिखना ही बंद हो जाता है। अब ना वो हमारे सपने में आते हैं और ना ही अब हम सोच रहे होते हैं उसे लेने की।

मैंने उन्हीं बच्चों को जो 15 साल की उम्र में करोड़ों की कार को देख कर कहते थे कि वो उस कार को खरीदेंगे बड़े होकर। लेकिन अब जब वही बच्चे 25 साल की उम्र तक पहुंचते हैं, तब तक उनके वो

सपने कहीं गायब हो चुके होते हैं और वो सोच मर चुकी होती है। अब वो जब रोड पर चलते हैं, तो अगर कोई महँगी कार रोड पर चल रही होती है तो वो अपनी कार या बाइक को धीरे कर लेते हैं कि कहीं वो उस महँगी कार से भिड़ न जाएं गलती से वरना पता नहीं कितने पैसे देने पड़ जाएंगे। मतलब सिर्फ 10 सालो में जिस तेजी से उम्र बढ़ी, उसी तेजी से सपने छोटे होते गए।

चलिए आ जाते हैं अब दोबारा से सेमिनार हॉल में जहाँ अब वो मुजरा देख रहे हैं।

सेमिनार हॉल में बैठे हैं और सामने एक आदमी उन्हें बोल रहा है तुम बहुत ज़्यादा पैसे वाले बन जाओगे बस वो करो जो वो कहें। प्रोडक्ट को मत देखो महंगा है या कचड़ा क्योंकि ये व्यापार जो मिल रहा है वो उनके सपने पूरे कर देगा। फिर वही एक और फालतू का मोटिवेशन की पारंपरिक व्यवसाय में आप बहुत सारे पैसे लगा कर एक व्यवसाय शुरू कर पाते हैं लेकिन यहाँ सिर्फ एक बार आपको प्रोडक्ट लेना है और आपका व्यवसाय शुरू हो जायेगा। तो मत सोचो प्रोडक्ट क्या है कैसा है, सोचो के तुम बनने वाले हो बहुत अमीर।

इसलिए ये कहना बिल्कुल सही होगा के कूड़ा कचड़ा बेचने वाली कंपनियाँ इस बहुत सुन्दर और शक्तिशाली नेटवर्क मार्केटिंग की छवि के लिए दीमक का काम करती हैं, तो मोटिवेशनल स्पीकर इस नेटवर्क मार्केटिंग में जो लोग आते हैं, इसके साथ जोंक की तरह व्यवहाँर करते हैं। मोटिवेशन के नाम पर वो इंडस्ट्री में लोगों का खून चूसते हैं। उनकी बातो में आकर ना जाने कितने बच्चे पढ़ाई और कितने लोग नौकरी छोड़ देते हैं। इनके मोटिवेशनल सेमिनार की टिकट बिकती रहे इसलिए ये लोगों के दिमाग में ऐसा डाल देते हैं कि अगर

उन्हें कामयाब होना है तो वो बस वही करें जो उनका मोटिवेशनल स्पीकर कहे। हर हफ्ते या महीने मोटिवेशन लेने तो आना पड़ेगा।

कौन गरीब आदमी क्या करके आमिर बना? कैसे एक साधारण आदमी बना किसी देश का राष्ट्रपति? कैसे स्कूल फ़ेल बना आईएएस? ये सब जान कर अगर आपको लगता है की आप करोड़पति बनने वाले हैं, तो आप ये बुक भी मोटिवेशन में पढ़ रहे हैं। देखो हर किसी की अलग कहानी है, अलग स्थति है तो अलग ही कठिनाइयाँ होंगी और हमेशा रहेंगी। आपको ऐसे सभी वीडियो का सारांश पता है? इनका सारांश है कि काम करते रहिए और हार मत मानिए, चाहे कितनी भी मुश्किलें आ जाएं। हमेशा कुछ ना कुछ करते रहिए, समय ख़राब मत कीजिए, तो आप अगर हर समय ऐसी वीडियो देख रहे हैं, तो असलियत में जो आप देख रहे हैं, उसी से उल्टा काम कर रहे हैं।

अमीर आदमी क्या करते हैं सुबह उठ कर? 10 आदतें अमीर लोगों की? क्या खाना खाते हैं अमीर आदमी? कैसे लोगों से बात करते हैं अमीर आदमी? या मानसिक रूप से मजबूत लोगों की 7 आदतें आदि। आप अगर इस तरह की वीडियो देख रहे हैं, हर रोज़ तो पहली बात आपको जो पता होनी चाहिए वो ये है के, अमीर आदमी चाहे कुछ भी करते हों, वो इस तरह की वीडियो पक्का नहीं देखते हैं। हाँ, लेकिन ये आपके मोटिवेशनल स्पीकर ज़रूर देखते हैं। ऐसी वीडियो में से ही तो उन्हें कंटेंट चुराना होता है। फिर खुद वीडियो बनानी होती है, उस चोरी के कंटेंट से। फिर लोगों को बोलना होता है हर रोज़ सुनो उन्हें और आओ उनके हर सेमिनार में।

मुझे **ज़ुबैर अली ताबिश** जी की शायरी की एक लाइन बहुत अच्छी लगती है जो इन जोंक जैसे मोटिवेशनल स्पीकर्स पर बिल्कुल सही जाती है:

"ध्यान से पंछियों को देते हो दाना पानी, इतने अच्छे हो तो पिंजरे से रिहा कर दो ना"

उधार का मोटिवेशन दारू के नशे की तरह होता है। जैसे दारू का नशा सिर्फ एक दिन रहता है वैसे ही मोटिवेशन का नशा भी एक से दो दिन ही रहता है। मोटिवेशनल स्पीकर्स ने इस इंडस्ट्री को दिखावे की इंडस्ट्री बना दिया है। आपने कभी देखा है जेफ बेज़ोस, बिल गेट्स या मार्क ज़ुकेरबर्ग को अपनी कारों, घर या विदेशी दौरे का दिखावा करते हुए? बड़ी सोच वाले इन दिखाओ में नहीं पड़ते। उनका मकसद अमीर दिखने की कोशिश करना नहीं होता, बल्कि अमीर बनना होता है। लेकिन आपके मोटिवेशनल स्पीकर्स एक घड़ी भी खरीदेंगे, तो उसकी फोटो 50 बार सोशल मीडिया पर डालेंगे। वो अपने घर, कार, मोबाइल, पेन, कोट पेंट सभी का रेट बता रहे होंगे, बहाना ढूंढ कर, स्टेज पर चढ़ कर और गलती से किसी अच्छे होटल चले जाएंगे तो उसकी वीडियो, फोटोज़, उस होटल के नाम के साथ, स्टेटस पर डाल रहे होंगे। वो आपको नए साल की शुभकामनाएं भी देंगे तह अपनी कार के आगे बैठ कर ताकि आपको उनकी महँगी कार दिख सके। दरअसल उन्हें आपको शुभकामनाएं नहीं देनी है बल्कि आपको उनकी कार दिखानी होती है। क्योंकि उसी को दिखा कर तो उनका घर चलता है। सपने ही तो बेचने हैं उन्हें और वही बेच रहे हैं छोटे बच्चों को। उनका दिखावा ही दिखता है की वो अमीर नहीं बने हैं सिर्फ कुछ पैसे कमा लिए हैं लोगों को बेवकूफ बना कर।

मोटिवेशनल सेमिनार्स का नुकसान नेटवर्क मार्केटिंग इंडस्ट्री को:

जब लोग ऐसे सेमिनार्स में जाकर नेटवर्क मार्केटिंग कंपनियों के ऐसे प्रोडक्ट्स खरीद लेते हैं, मोटिवेशन के नशे में, जो कभी इस्तेमाल में नहीं आते है या कई गुना महंगे होते हैं, तो होता क्या है कि वही लोग आगे चल कर इस इंडस्ट्री को बदनाम करते हैं। कहीं ना कहीं वो सही भी होते हैं, क्योंकि उनके लिए तो नेटवर्क मार्केटिंग इंडस्ट्री वही होती है जो उन्हें सिखाई या दिखाई गयी ऐसी कंपनियों में।

चलो फिर से वापिस जाते हैं, बिल्कुल बुनियादी से सवाल पर कि नेटवर्क मार्केटिंग इंडस्ट्री क्या है? प्रोडक्ट को इस्तेमाल करना और फिर कंपनी की उस प्रोडक्ट को बेचने में मदद करना या प्रोडक्ट्स के ऊपर ध्यान ना देना, चाहे कुछ भी हो और फिर नेटवर्क मार्केटिंग कांसेप्ट की ही ताकत को बेचना?

प्रोडक्ट्स को बेचा जाता है नेटवर्क मार्केटिंग इस्तेमाल करके, ना की नेटवर्क मार्केटिंग की ताकत बेची जाती है और प्रोडक्ट सिर्फ नाम के लिए रखे जाते हैं।

अब लोग सेमिनार्स में मोटिवेशन के नशे में ऐसे प्रोडक्ट्स खरीद लेते हैं जो शायद साधारण जिंदगी में नहीं खरीदते। लेकिन ये भूल जाते हैं कि, पैसे कमाने के लिए, बेचने तो पड़ते हैं प्रोडक्ट्स ही। अब जब वो लोग जाते हैं, अपने दोस्तों और रिश्तेदारों के पास तो वो लोग प्रोडक्ट्स नहीं खरीदते हैं क्योंकि कोई भी नहीं लेगा 1500 रुपये का आइटम 15 हजार रुपये में। अब जिन्होंने मोटिवेशन में जॉइन किया था उन्हें भी लगने लग जाता है कहीं उन्होंने पैसे फालतू फंसा तो नहीं दिए हैं। जब वो अपलाइन के पास जाते हैं और कहते हैं कि सर लोग प्रोडक्ट नहीं लेते कहते महंगा है, तो अपलाइन बोलता है भाई

प्रोडक्ट नहीं बेचना है हमें क्योंकि हम सेल्समेन नहीं हैं। उन्हें बताओ कि कैसे वो अमीर बन सकते है यहाँ से। तो क्या हुआ ये इंडस्ट्री साधारण लोगों की नजर में बन गयी बहुत ज़्यादा पैसा कमाने वाली इंडस्ट्री, क्योंकि डिस्ट्रीब्यूटर्स इसको दिखा ही ऐसे रहे हैं लोगों को। डिस्ट्रीब्यूटर्स मोटिवेशन में बोल रहे हैं, कि अगले 3 महीने में वो नौकरी छोड़ देंगे या अगले साल महँगी कार ले लेंगे। यही ट्रेनिंग में बताया था, उन्हें बोलने को। परन्तु बोलने से चीज़ें सच थोड़ी ना हो जाती हैं। समय तो बीत ही जाता है जल्दी से, बाद में वो लोग जिनके सामने डिस्ट्रीब्यूटर्स ने बोला था कार आएगी, नौकरी छोड़ दूंगा इत्यादि और फिर ना ही छोड़ी नौकरी और ना आयी कार, तो लोग जो शामिल नहीं हुए थे उन्होंने सोच लिया इस इंडस्ट्री में बस बोला जाता है पैसा आएगा लेकिन आता नहीं है।

देख रहे हैं कैसे बिना किसी गलती के बेचारी हमारी इतनी ताकतवर नेटवर्क मार्केटिंग बदनाम हो गयी और हो रही है अभी भी इन ख़राब कंपनियों की वजह से?

मोटिवेशनल स्पीकर्स बोलते हैं कि लोग ऐसे शामिल नहीं होते, सेमिनार्स से होते हैं। तो आप मत बताओ, सेमिनार्स में लाओ, वहाँ आपका लीडर बताएगा स्टेज पर चढ़ कर। प्लान्स 10 में से 1 ही पास होता है और 90 परसेंट फ़ेल। जैसे प्लान ना हो विटामिन-डी की कमी का टेस्ट हो कि 10 में से 1 ही पास होगा (भारत में 90 प्रतिशत लोगों को विटामिन डी की कमी है)।

(a) 90-8-2 Rule:

सिर्फ नेटवर्क मार्केटिंग की ताकत बेचने वाली इन कंपनियों की वजह से ये हुआ इस इंडस्ट्री में:

90 प्रतिशत लोगों ने कमाए शून्य या बहुत कम पैसे

8 प्रतिशत लोगों ने कमाए साधारण पैसे, जितने लोग नौकरी में भी कमा लेते हैं

2 प्रतिशत लोगों ने कमाए साधारण से ज़्यादा

तो ये इंडस्ट्री भारत में बन गयी, सबसे अच्छी और सबसे बुरी इंडस्ट्री, एक साथ। क्योंकि एक तरफ तो सबसे ज़्यादा लोग इस इंडस्ट्री से बन रहे थे करोड़पति और वहीं दूसरी ओर 90 प्रतिशत लोग कुछ नहीं कमा पा रहे थे। अब इन 90 प्रतिशत लोगों ने बोलना शुरू किया कि इस इंडस्ट्री में लोगों को लूटा जाता है। "लूटा जाता है" में ही कहानी है लोगों के दर्द की। आप पैसे ना कमाओ लेकिन आपने जो प्रोडक्ट लिया है और जिस रेट में लिया है, उससे अगर आप खुश हो जाओ तो आप कभी ये नहीं बोलेंगे कि इस इंडस्ट्री में लूटा जाता है। लूटा जाता है साफ़ साफ़ बता रहा था कि, उन्हें जो प्रोडक्ट बेचा गया वो बहुत ज़्यादा महंगा था, जैसे की कोट पैंट या फिर ऐसा प्रोडक्ट बेचा गया जो इस्तेमाल लायक ही नहीं था, जैसे की ट्रेवल पैकेज या कोई बेकार सा कंप्यूटर कोर्स।

चलो वापिस याद करते हैं, मोबाइल फ़ोन वाला उदाहरण। 15 हजार रुपये का फ़ोन 15 हजार रुपये में ही मिले आपको तो ठीक है क्योंकि वही आपको उसी रेट में चाहिए भी था। अब आगे आपके बोलने से

कोई ना ले आपको फ़र्क नहीं पड़ेगा क्योंकि आप अपने प्रोडक्ट से खुश हैं।

लेकिन आपके साथ इन कंपनियों में हुआ क्या कि आपको 1500 रुपए का प्रोडक्ट बेचा गया 15 हजार रुपये में। और आप अब पैसे भी नहीं कमा पाए तो आप क्या करेंगे?

सबसे पहले जब लोग घर जाकर अकेले बैठे तो उनके दिल से गाली निकली, इसलिए नहीं क्योंकि उनके पैसे लुट गए, पैसे कोई इतना ज़्यादा थोड़ी ना थे। जितने पैसे उन्होंने कंपनी में शामिल होने के लिए लगाए होंगे, उससे ज़्यादा तो पता नहीं कितनी बार उनके किसी परिवार के कार्यक्रम में या दोस्तों के साथ घूमने में लग गए होंगे। 90 प्रतिशत लोगों ने गाली दी क्योंकि उनके पैसे गए कोई बात नहीं थी, लेकिन उनसे पैसे निकलवाने के लिए उनके साथ जो किया गया उससे उन्हें बहुत दुख हुआ।

उनके सपने का जो बच्चा जिसे वो दबा चुके थे, उसे पहले तो सेमिनार्स में दोबारा जिन्दा किया गया और फिर उन्हीं के सामने उसका कत्ल कर दिया गया।

तो जब उनके अंदर से गालियाँ निकलीं तो उन्होंने सबसे पहले तो उस इन्सान को गाली दी जिसने उन्हें कंपनी में शामिल कराया था। लेकिन दर्द ज़्यादा था तो फिर उस कंपनी को गाली दी जो सिर्फ नेटवर्क मार्केटिंग की ताकत बेच रही थी, इन सेमिनार्स द्वारा, मोटिवेशनल स्पीकर्स के साथ। लेकिन वो यहाँ भी नहीं रुके और आखिर में वो नेटवर्क मार्केटिंग को ही गाली देने लग गए। उन्हें तो लगा के नेटवर्क मार्केटिंग वही थी जो उन्होंने देखा और किया। क्योंकि

उनमें नेटवर्क मार्केटिंग वाली मोटिवेशन तो थी लेकिन एजुकेशन नहीं थी।

(b) नेटवर्क मार्केटिंग और बंदूक:

आपको पता है ये नेटवर्क मार्केटिंग बिल्कुल एक बंदूक की तरह है, बहुत ही ज़्यादा भोली, सुन्दर और ताकतवर। ये अपने आप कभी भी किसी को गोली नहीं मारती है। हर छोटे बच्चे को खिलौने में बन्दूक बहुत सुन्दर लगती है। बंदूक बहुत ताकतवर होती है क्योंकि उसको हाथ में पकड़ कर जब कोई पुलिस वाला बैंक के बाहर खड़ा हो जाता है तो सभी को अच्छा लगता है क्योंकि इसका मतलब है की लोगों का पैसा बैंक में सुरक्षित है। पर अगर उसी बंदूक को लेकर कोई चोर बैंक में घुस जाये तो क्या होगा के लोगों का पैसा सुरक्षित नहीं होगा।

बंदूक दोनों जगह वही है, वो ना अच्छी है ना बुरी। उसको इस्तेमाल करने वाले पर निर्भर करता है वो उसे कैसे इस्तेमाल करता है।

उसी तरह नेटवर्क मार्केटिंग भी बहुत ज़्यादा भोली, सुन्दर और ताकतवर है। उसे चोरों की तरह भी इस्तेमाल किया जा सकता है, जैसे की एजुकेशन पैकेज, ट्रेवल पैकेज और कोट पैंट वाली कंपनियों ने इस्तेमाल किया या उन कंपनियों ने जो पूरी तरह से मनी सर्कुलेशन कंपनियाँ थीं।

इसी नेटवर्क मार्केटिंग को बहुत अच्छे से भी इस्तेमाल किया जा सकता है। अच्छे प्रोडक्ट्स को बेचने के लिए जहाँ प्रोडक्ट के बारे में अच्छे से समझना ज़रूरी हो जाता है, जैसा की हमने कोल्ड क्रीम के उदहारण में देखा था। इसे साधारण प्रोडक्ट्स को भी एक जायज रेट में बेचने के लिए इस्तेमाल किया जा सकता है क्योंकि इस नेटवर्क मार्केटिंग में बहुत ज़्यादा ताकत है।

हम सभी ये मान सकते हैं की नेटवर्क मार्केटिंग भारत में नकारात्मक हुई इसलिए नहीं क्योंकि ये ख़राब है बल्कि इसलिए क्योंकि 99

प्रतिशत से ज़्यादा इस नेटवर्क मार्केटिंग को चोर कंपनियों ने इस्तेमाल किया है इसलिए बहुत ज़्यादा ज़रूरत है इस इंडस्ट्री के बारे में पूरी अच्छी तरह से समझदार होने की। वही प्रयत्न इस बुक में किया जा रहा है। तो आशा करता हूँ कि अभी तक हमें ये अच्छे से समझ आ गया होगा की नेटवर्क मार्केटिंग क्या है और भारत में नेटवर्क मार्केटिंग इतना ज़्यादा बदनाम क्यों हो गयी।

नेटवर्क मार्केटिंग को बहुत सारे अलग अलग तरह के घोटालों और मनी सर्कुलेशन कंपनियों ने भी बहुत ज़्यादा नुकसान पहुंचाया है। आपको ये समझना होगा कि नेटवर्क मार्केटिंग एक ऐसा काम है जहाँ आपको पैसा मिलता है, आपके टीम के और आपके किये हुए काम से। तो कहीं भी आपको ऐसा कुछ सुनने को मिले की, पैसा एक बार लगा डाला तो लाइफ झिंगालाला, ऐसे कंपनियों से आपको दूर रहना है। जहाँ भी आपको सुनने को मिले की आपको बस पैसा लगाने है काम नहीं करना, वहाँ आपको पैसे भी नहीं लगाना है। नितिन गुप्ता जी की एक बात मुझे बहुत पसंद है की वो हमेशा कहते हैं की "लोगों की मुसीबत यही है कि पैसा सभी कमाना चाहते हैं लेकिन मेहनत कोई नहीं करना चाहता" और इसी सोच का फायदा उठाते हैं घोटाले। घोटाले इस नेटवर्क मार्केटिंग के लिए मोटिवेशनल स्पीकर्स के बाद, सबसे बड़ा खतरा हैं।

"हर नेटवर्क मार्केटिंग कंपनी घोटाला नहीं होती लेकिन दुर्भाग्य से ज़्यादातर घोटाले वाली कंपनियाँ नेटवर्क मार्केटिंग के तरीके को ही इस्तेमाल करती है। जिसकी वजह से ये एक बहुत ताकतवर वितरण का तरीका बदनाम हो जाता है"

नेटवर्क मार्केटिंग क्यों करनी चाहिए?

अभी तब हम ये अच्छे से समझ चुके हैं की:

1. नेटवर्क मार्केटिंग एक बहुत अच्छा और ताकतवर तरीका है प्रोडक्ट्स को प्रमोट करने का, पारंपरिक वितरण की तुलना में और,
2. हर नेटवर्क मार्केटिंग कंपनी ख़राब नहीं होती। लेकिन क्योंकि ये इतना ताकतवर तरीका है इसका दुर्भाग्य यही है कि ज़्यादातर खराब कंपनियों ने ही इसका इस्तेमाल किया है। ये बहुत बदनाम भी हो गया है। ये बन्दूक की तरह है सुन्दर और ताकतवर। ये ना अच्छा है ना बुरा, बस सुन्दर और ताकतवर है। इसे इस्तेमाल करने वाला अच्छा या बुरा होता है।

चलो मान लिया अब कोई कहता है नेटवर्क मार्केटिंग अच्छा है, इसकी बदनामी भी हुई तो गलत कंपनियों की वजह से। फिर भी इसे क्यों करना चाहिए? उसी पर और बात करते हैं अब।

शुरू करने से पहले ये बोलना चाहूँगा कि मोटिवेशन वहाँ सही रहता है जहाँ हाथों से लड़ना हो। जैसे की पुराने ज़माने में लोग लड़ते थे। जो जितना मोटिवेटेड होता था वो उतना अच्छा लड़ता था। लेकिन जैसे ही हथियार आये, बंदूके आ गई तो अकेले मोटिवेशन से काम नहीं चल सकता था। मान लो बहुत ज़्यादा ताकत वाले 100 मोटिवेटेड लोग कहीं पर लड़ने जा रहे हैं और जहाँ लड़ने जा रहे हैं, उन्हें पता लगा कि वहाँ सिर्फ 10 ही आदमी हैं। तो वो और ज़्यादा मोटीवेट हो गए के अब तो जीत पक्की। जैसे ही वो लड़ाई की जगह पहुंचते हैं, सभी 100 मारे जाते हैं और दूसरी तरफ के 10 में से 1 को भी छू तक नहीं पाते। पता है क्यों? क्योंकि दूसरी तरफ जो लोग थे उनके पास बंदूकें थीं और जो 100 मोटिवेटेड थे उनके हाथों में थी तलवारें।

इसी तरीके से अगर मान लो, 100 बंदूकें लेकर जाएं, 10 को मारने और अगर उस समय उन 10 के पास एटम बम हो, तो भी नतीजा ये ही होगा, 100 के 100 मारे जाएंगे। मतलब की हम समझ सकते हैं, अब लड़ाई में जो ज़्यादा आबादी में होंगे वो नहीं जीतेंगे बल्कि जो टेक्नोलॉजी में ताकतवर होगा वो जीतेगा।

इसी तरह से आपको समझना होगा मोटिवेशनल स्पीकर्स ने बहुत उल्लू बना लिया लोगों का। मोटिवेशनल सेमिनार से बाहर जोश में आकर आप कितना भी ताकतवर महसूस कीजिए, लेकिन अगर आप जो बेच रहे हैं, वो जायज रेट पर नहीं होगा या ग्राहकों को उसकी ज़रूरत नहीं होगी तो एक शिक्षित इन्सान आपकी मोटिवेशन पर भारी पड़ जायेगा। इस इंडस्ट्री को अब मोटिवेशनल सेमिनार्स में फिल्मी गानों पर मुजरा करते लोगों की ज़रूरत नहीं है बल्कि शिक्षित तरह से लॉजिकल तरीके से बात करने वालों की ज़रूरत है।

मरे हुए को भी 4 लोग मिल जाते हैं, आपको 2 लोग नहीं मिलेंगे? अगर ऐसी बकवास आपको सिखाई जा रही है तो याद रखना आपका रिजल्ट भी 10 में से 1 वाला ही होगा। हाथी चलता है तो कुत्ते भौंकते हैं, ऐसे बोलने वाले मोटिवेशनल स्पीकर्स से ये बोलना कि कुत्ते तो गधों पर भी भौंकते हैं। आप गधे भी तो हो सकते हैं।

चलो इन सब पर विस्तार में बात करेंगे, आराम से आगे, अभी बात करते हैं कि किस तरह से आर्टिफिशियल इंटेलिजेंस हमारे जीवन में बदलाव लाने जा रहा है।

आर्टिफिशियल इंटेलिजेंस का सरल भाषा में मतलब होता है की अगर हम मशीनों के अंदर भी दिमाग डाल दें तो वो अपनी समझ से भी काम कर लेती है। उस समझ से मशीन जब काम करने लग जाती है

तो उस समझ को कहते हैं आर्टिफिशियल इंटेलिजेंस। जैसे की मोटर चलने से पानी टंकी में भर जाता है और जैसे ही टंकी भर जाती है, पानी टंकी में से गिरने लगता है। तो इसकी वजह से हमें ध्यान देना पड़ता था कि जैसे ही टंकी भरे, हम मोटर बंद कर दें। मोटर की वजह से अब कितना आसान हो गया पानी को ऊपर टंकी में चढ़ाना। लेकिन हमें फिर भी थोड़ा ध्यान देना होता था की टंकी से पानी गिरने से पहले मोटर बन्द कर दें और टंकी में पानी पूरी तरह से खत्म होने से पहले मोटर चला दें।

फिर हमने मोटर को ही एक दिमाग से जोड़ कर दिया, जो इंसानों ने ही बनाया है और मशीन में फिट कर दिया है। हमने एक चीज़ लगा दी टंकियों में और वो चीज़ जैसे ही टंकी में पानी खत्म होने वाला होता है, अपने आप मोटर को संकेत भेज देती है चलने का और जैसे ही पानी भरने वाला होता है मोटर को संकेत भेजती है बंद होने का। इससे हमारा काम कितना आसान हो गया लेकिन अब बड़ी बड़ी सोसाइटी में मोटर चलने वाले और बंद करने वाले की नौकरी गयी। ये एक बहुत ही आसान सा उदाहरण था कैसे आर्टिफिशियल इंटेलिजेंस इंसानों के लिए वरदान और अभिशाप दोनों है।

(a) कृषि क्षेत्र में काम करने वाले लोगों को क्यों करनी चाहिए?

लगभग 60 प्रतिशत से ज़्यादा भारत की जनता कृषि क्षेत्र पर निर्भर है। जो की बहुत बड़ी समस्या है जिसको हम अभी समझेंगे। आपको पता है हमारे भारत की आबादी बढ़ने का कारण?

आपको पता है 1907 में भारतीय साम्राज्य जिसमें आज का भारत, पाकिस्तान, बांग्लादेश और म्यांमार सभी आते थे, तब सभी की आबादी मिला कर 25 करोड़ से भी कम थी? और अगर दिसम्बर 2019 तक सभी देशों की आबादी को जोड़ लिया जाये तो आबादी 180 करोड़ से भी ज़्यादा है। सिर्फ 112 सालों में हम सब की आबादी 155 करोड़ से भी ज़्यादा बढ़ गयी है। क्या हो रहा है ये?

चलो अब इसकी जड़ में जाते हैं, ऐसा क्यों हुआ।

आपको पता है दुनिया में ट्रैक्टर आ गया था वर्ष 1890 में। लेकिन उस समय हमारे भारत में इसकी कोई ज़्यादा जानकारी नहीं थी। तब हमारे भारत में लोग खेती करते थे हाथों से और उस समय क्या होता था की जमीनें बहुत ज़्यादा होती थीं लोगों के पास। लेकिन आदमी कम पड़ जाते थे कृषि के लिए। तो हमारे पूर्वजो ने सोचा कि जितने ज़्यादा हाथ, उतना ज़्यादा विकास। कहीं ना कहीं वो उस समय के हिसाब से सही भी सोच रहे थे। तो हुआ क्या के सभी ने शुरू किया आबादी बढ़ाना, क्योंकि जितने ज़्यादा बच्चे, उतने ज़्यादा हाथ कृषि में मदद करने के लिए। एक पीढ़ी पहले तक आपको पता है 6-8 बचे होना साधारण होता था भारत में।

लेकिन टेक्नोलॉजी की सबसे मस्त बात ये है की वो शुरू कहीं से भी हो, धीरे-धीरे वो सभी जगह पहुंच जाती है। तो उसी तरह से ट्रैक्टर भी एक दिन भारत पहुंच गया।

लेकिन तब तक भारत की आबादी बहुत ज़्यादा बढ़ चुकी थी। सिर्फ भारत की आबादी 140 करोड़ पहुंचने वाली है वर्ष 2020 के आखिर तक। ट्रैक्टर आने से पहले तक हमने क्या किया 10 से आबादी बढ़ा के कर ली 100 क्योंकि हाथों से काम होता था पहले, लेकिन अब ट्रैक्टर आने की वजह से इंसानों की ज़रूरत रह गयी 10 से भी कम। जिसकी वजह से आप देख पाएंगे के लगभग 90 प्रतिशत से ज़्यादा लोग आज हमारे गाँव में खेती का काम नहीं कर रहे हैं। सभी लोग काम करना चाहते हैं, लेकिन क्या काम करे समझ नहीं आ रहा है। ना कोई काम है अभी करने को और ना ही कोई काम होगा आने वाले समय में करने को। बल्कि टेक्नोलॉजी जिस तरह और जिस तेजी के साथ आगे बढ़ रही है आने वाले समय में काम और ज़्यादा मशीनों से होगा। जिससे और ज़्यादा लोगों के पास काम नहीं होगा कृषि क्षेत्र में।

आपको पता है USA में वर्ष 1900 में 14 प्रतिशत लोग थे जो कृषि क्षेत्र में काम करते थे और आज 2 प्रतिशत से भी कम लोग हैं जो कृषि क्षेत्र में काम करते हैं। आने वाले समय में भारत में भी यही होने वाला है।

हमारे खेतों में आज अगर कहीं भी कीड़ा लगता है तो लोग पूरे खेत में रासायनिक स्प्रे कर देते हैं। क्योंकि इंसानों के पास ऐसी आँखे नहीं हैं जो स्कैन कर के बता दें कि कीड़ा कहाँ लगा है खेत में। लेकिन आने वाले समय में हमारे पास ऐसे छोटे छोटे रोबोट्स होंगे, जो स्कैन करते रहेंगे पुरे खेत को हर समय और फिर जहाँ भी उन्हें कोई कीड़ा दिखेगा, उसे वो लेज़र टेक्नोलॉजी से हटा देंगे। इससे क्या होगा एक तो किसान का रासायन कम इस्तेमाल होगा तो किसान को पैसों का फायदा, दूसरा सबसे बड़ा फायदा लोगों तक बिना रासायन वाला

स्वस्थ खाना पहुँचेगा। मतलब आज जो रासायनिक स्प्रे वाला काम इन्सान कर रहा है वही काम कुछ दिनों बाद रोबोट्स करेंगे।

(b) BPO / कॉल सेंटर में काम करने वाले लोगों को क्यों करनी चाहिए?

आज लाखों लोग भारत में BPO सेक्टर में काम करते हैं। आपको पता है एक रिपोर्ट के मुताबिक आर्टिफिशियल इंटेलिजेंस और ऑटोमेशन की वजह से 2022 तक 68 प्रतिशत लोगों की नौकरी चली जाएगी 2017 की तुलना में। 2019 में हमने देखा कैसे चैटबॉट कारण बने लोगों की नौकरी जाने के। पहले हम जब अपने सवाल पूछते थे कंप्यूटर पर तब दूसरी तरफ से इंसान जवाब दिया करते थे लेकिन अब हमारे सवालों के जवाब ज़्यादातर हमें कंप्यूटर दे देता है, चैटबॉट के द्वारा। चैटबॉट एक कंप्यूटर प्रोग्राम होता है, जो इंसानों से बात करने के लिए बनाया जाता है। फाइनेंस सेक्टर, रिटेल सेक्टर, लॉ सेक्टर और BPO सेक्टर बहुत तेजी से चैटबॉट टेक्नोलॉजी का इस्तेमाल बढ़ाते जा रहे हैं। इससे टेलीमार्केटिंग, रिटेल और ग्राहक सेवा जैसी जगहों पर लोगों की नौकरी खत्म होती जाएगी। चैटबॉट नौकरी खत्म कर देंगे सबसे पहले उस जगह से जहाँ ज़्यादा कौशल वाला काम नहीं करना होता।

कंपनियों के बैक ऑफिस वाले काम BPO कंपनियाँ करती हैं, जैसे की ग्राहक सेवा और एकाउंटिंग वाले ज़्यादातर काम और कॉल सेंटर कंपनी सिर्फ कॉल को संभालती है।

कॉल सेंटर में भी Interactive Voice Response (IVR) एक स्वचालित टेलीफोन टेक्नोलॉजी है। इसको बनाया गया है इंसानों से बात करने और जानकारी जो चाहिए हो उसे इकठ्ठा करने और फिर कॉल करने वाले के मुश्किल का समाधान जहाँ हो सके, वहाँ कॉल को जोड़ना। इसकी वजह से कॉल सेंटर कंपनियों को बहुत ज़्यादा

फायदा हुआ है। तो हम देख सकते हैं कैसे टेक्नोलॉजी इन सभी जगह से इन्सानो को निकाल रही है।

आप भी होते कंपनी के मालिक तो सबसे पहले आप भी यही करते की, इंसानों को निकलते क्योंकि:

1. इन्सान वेतन लेते हैं लेकिन मशीन नहीं। कंपनी की सबसे बड़े खर्चो में सैलरी आती है जिसे देकर वो लोगों से काम करवाती है।
2. इन्सान वेतन लेकर भी 24 घंटे काम नहीं करते लेकिन मशीन वेतन नहीं लेती है फिर 24 घंटे काम भी करती है।
3. इन्सान वेतन भी लेंगे, 24 घंटे काम भी नहीं करेंगे और उसके बाद में छुट्टी भी लेते हैं। मशीन को कोई छुट्टी नहीं चाहिए होती है।
4. इन्सान ज़्यादा भारी वजन नहीं उठा पाते, लेकिन मशीन उठा लेती है।
5. इन्सान लेज़र जैसी बारीक़ कटाई नहीं कर सकते, लेकिन मशीन कर सकती है।

तो ऐसे ही बहुत सारी वजह से कंपनियाँ हमेशा चाहेंगी टेक्नोलॉजी में आगे बढ़ना और लोगों को नौकरी से निकालना।

और वैसे ये कहीं ना कहीं कंपनियों की मज़बूरी भी बन जाती है, तभी उन्हें ऐसा करना पड़ता है।

चलो एक और उदाहरण लेते हैं और समझते हैं इसे:

मेरे एक दोस्त के दोस्त की फैक्ट्री है गोवा में सीफ़ूड कैनिंग की। उस फैक्ट्री में कुछ साल पहले 900 के आस पास लोग काम करते थे। फिर उन्होंने अपनी पूरी कैनिंग वाली प्रक्रिया को बाहर से कुछ 11.5 करोड़ के निवेश से 88 प्रतिशत स्वचालित कर दिया। तो एक बार

मैंने पूछा उनसे के ये पैसे कितने टाइम में वसूल हो जाएंगे उनके तो उन्होंने बड़ी अच्छी बात बोली की वसूल क्या मुझे तो नि:शुल्क पड़ गयी मशीन और साथ में बचत भी बढ़ गयी। उन्होंने अब 800 से ज़्यादा लोगों को नौकरी से निकाल दिया था। तो उन्होंने कहा के अगर एक का वेतन 10 हजार रुपये भी हो तो महीने की तब भी न्यूनतम 80 लाख रुपये बच रहा है पहले से ज़्यादा। इस हिसाब से मशीन उन्हें नि:शुल्क की पड़ जाएंगी सिर्फ 15 महीनो में।

अब मशीन 24 घंटे काम कर रही थी जिसकी वजह से हुआ ये की, उनकी फैक्ट्री की लागत भी पहले से काफी कम हो गयी थी, तो अब वो लोग 135 रुपये की जो कैन वो पहले बेच रहे थे, उसका रेट उन्होंने 115 रुपये कर दिया, पूरे मार्किट में उनके प्रोडक्ट की बिक्री बढ़ाने के लिए।

अब हुआ असली खेल शुरू। जैसे ही उन्होंने रेट कम किये और उनकी बिक्री बढ़ी, तो अन्य कंपनियों की बिक्री कम होने लगी। अब दूसरी कंपनियों की मज़बूरी हो गयी अपने रेट कम करना अन्यथा वो बंद हो जाएंगी। रेट कम तभी हो सकते थे जब खुद को स्वचालित किया जाये और लोगों को नौकरी से निकला जाये। लोगों को नौकरी पर रखेंगे तो रेट कम नहीं कर सकते और कंपनी बंद हो जाएगी, फिर तो सभी की नौकरी चली जाएगी। तो इसलिए अन्य कंपनियों की भी मज़बूरी हो गयी कि या तो बंद हो जाओ या फिर स्वचालित। तो अन्य कंपनियों ने भी शुरू कर दिया लोगों को निकलना और करने लगी खुद को स्वचालित।

“नौकरियां अब सुरक्षित नहीं है क्योंकि टेक्नोलॉजी ज़्यादातर कामों में हमसे ज़्यादा सक्षम है और सस्ती भी”

नेटवर्क मार्केटिंग में आप किसी भी कंपनी में काम कर रहे हों और आप किसी को प्लान देने जा रहे हों तो आपको एक सलाहकार की तरह ही जाना चाहिए। बहुत बार मेरी इंस्टाग्राम पर लोगों से बात होती है और लोग मुझसे आकर ऐसी बातें बोलते हैं जिसको सुनकर मैं खुद हैरान हो जाता हूँ। क्योंकि उनके पागल बनाने वाले मोटिवेशनल स्पीकर उनको ऐसी चीज़ बोल रहे हैं कि, नौकरी वाले तो कुछ भी नहीं होते नेट्वर्कर्स के सामने, इत्यादि।

याद रखना ऐसी मोटिवेशन आपको ज़्यादा आगे नहीं ले जा पाएगी आज के समय में सबसे ज़रूरी है कि आप अपने आप को शिक्षित करें क्योंकि जो मोटिवेशन है वह 2 मिनट में शांत पड़ जाती है, शिक्षा के सामने। इसलिए हमेशा अपने आपको ज़्यादा से ज़्यादा शिक्षित कीजिए और दूसरी बात यह है कि आपको क्या मोटिवेशन चाहिए? आप खुद सोचिए कि पूरी दुनिया में नेटवर्क मार्केटिंग इकलौता एक ऐसा उद्योग है जिसका आर्टिफिशियल इंटेलिजेंस कुछ नहीं कर सकती। इसके अलावा और कोई ऐसा उद्योग नहीं है आर्टिफिशियल इंटेलिजेंस जिसमें कोई बदलाव नहीं लेकर आएगी।

नौकरी अच्छी है या नेटवर्क मार्केटिंग?

लोग नेटवर्क मार्केटिंग में नौकरी के बारे में आपको बोलते हैं कि नौकरी में तो आप काम करते हैं और आपके मालिक को फायदा होता है, तो एक चीज़ हम सभी को जान लेनी चाहिए कि दुनिया में ऐसा कोई भी काम नहीं होता जो आप करें और उसका फायदा किसी और को ना मिले। आप चाहे नौकरी कीजिए, चाहे आप नेटवर्क मार्केटिंग कीजिए, आपके काम का किसी ना किसी को फायदा ज़रूर होता है। अगर नौकरी में आपके काम का फायदा आपके मालिक को होता है,

तो नेटवर्क मार्केटिंग में हमारे काम का फायदा हमारी अपलाइन को होता है और हमारी कंपनी को होता है। उसी तरह से नेटवर्क मार्केटिंग में जब आपकी टीम काम करती है तो उनके काम का फायदा आपको होता है। तो यह बोलना कि नौकरी खराब है, क्योंकि उसके अंदर जो काम होता है उसका पैसा आपके मालिक को ज़्यादा मिलता है, एक मोटिवेशन के नशे में की गयी फालतू बात है। इस तरह की बातचीत का हमें कभी भी इस्तेमाल नहीं करना चाहिए। दोस्तों नौकरी अपनी जगह सही है, डायरेक्ट सेलिंग अपनी जगह सही है। तो कभी भी हमें किसी भी व्यवसाय को गलत नहीं बोलना चाहिए। हर व्यवसाय की अपनी एक इज्जत है और हमें उसकी इज्जत करनी चाहिए।

हम ये बात समझ सकते हैं की जो 80 प्रतिशत से ज़्यादा नौकरी हैं, वह बहुत ज़्यादा खतरे में हैं अभी। लेकिन इसका मतलब यह नहीं है कि जो लोग नौकरी में है, वो अपनी जिंदगी ख़राब कर रहे हैं। आप खुद सोचिए, अगर बंसल जी ने नौकरी नहीं की होती तो आज भारत के अंदर Flipkart नहीं होती। इसका मतलब नौकरी वाले लोग भी अपने अनुभव से अपनी खुद की कंपनी शुरू करके बहुत बड़ी बड़ी कंपनियाँ बनाते हैं। तो इसका मतलब यह है कि नौकरी से सीख के भी आप करोड़पति बन सकते हैं। इसलिए कभी भी किसी भी नौकरी करने वाले को गलत मत बोलना। लेकिन उन्हें यह ज़रूर समझाना कि क्यों नेटवर्क मार्केटिंग में आना चाहिए, कैसे नेटवर्क मार्केटिंग इंडस्ट्री उन्हें एक पैसिव आय दे सकती है जिसकी वजह से वो जल्दी रिटायर हो सकते हैं, अपने पैशन को फॉलो कर सकते हैं या समय की आज़ादी का भी मजा ले सकते हैं, पैसे की आजादी के साथ में। कैसे ये एकलौती इंडस्ट्री है जिसका आर्टिफीसियल इंटेलिजेंस कुछ नहीं कर सकती। हमारी बातों में ज्ञान झलकना चाहिए जिससे हम

जब लोगों से बात करें तो लोगों को पता लगे की आज किसी शिक्षित इन्सान से वो बात कर रहे हैं। हमें अगर कोई उनकी जिंदगी का 1 घंटा भी दे रहा है, तो हमें उनके समय की इज्जत करते हुए एक शिक्षित और लॉजिकल तरीके से उन्हें इस इंडस्ट्री के बारे में बताना चाहिए। अगर आप शिक्षित तरीके से लोगों को समझायेंगे, तो आप देखेंगे की आपके साथ में शामिल होने वाले लोगों का प्रतिशत बहुत ज़्यादा बढ़ जायेगा।

बैंकिंग / इन्वेस्टमेंट सेक्टर में काम करने वाले लोगों को क्यों करनी चाहिए?

अगर हम बैंकिंग सेक्टर की बात करते हैं तो बैंकिंग सेक्टर में आने वाले समय में आर्टिफिशियल इंटेलिजेंस की वजह से काफी सारे लोगों की नौकरी जाने वाली है। आप समझ सकते हैं कि एक समय था जब हमें बैंक जाकर पैसा निकालना पड़ता था। हम बैंक में जाते थे, बैंक की लाइन में लगते थे और तब पैसा निकालते थे। लेकिन क्या हुआ एटीएम आने की वजह से लोगों ने पैसा निकालने के लिए आज बैंक में जाना बहुत हद तक बंद कर दिया है। उसी तरीके से हम एक बैंक से दूसरे बैंक में पैसा भेजने के लिए बैंक में ही जाते थे, लेकिन जब से इंटरनेट बैंकिंग आई है तब से अब लोगों को बैंक नहीं जाना पड़ता है। उसके बाद कुछ लेन-देन ऐसी होती थी जो नकद से होती थी जैसे दूध लेना, कोई घर का सामान लेना छोटा-मोटा, लेकिन आजकल जैसे ही PayTm जैसी ऍप्लिकेशन्स आ गयी हैं, हम उसे भी डिजिटल कर रहे हैं। अब आप देखिए, हमें नकद निकालना होता है तो हम एटीएम से निकाल लेते हैं, हमें किसी को पैसे भेजने होते हैं, उसके लिए हम इंटरनेट का इस्तेमाल कर लेते हैं, भुगतान देना है रोजमर्रा के सामान का या किसी और चीज़ के लिए तो वह PayTm से कर लेते हैं, बैंकिंग सेक्टर के अंदर जो नौकरी बढ़नी चाहिए थी अब वह नहीं बढ़ेगी क्योंकि लोगों की ज़रूरत इस सेक्टर में बहुत कम होती जा रही है।

अब बात करते हैं इन्वेस्टमेंट सेक्टर की जिसमें भी तेजी से लोगों की नौकरियाँ खत्म होती जा रही हैं। बैक ऑफिस में चैटबॉट की वजह से और व्यापार को बढ़ने में जहाँ पहले इन्वेस्टमेंट सलाहकार की ज़रूरत रहती थी, आज एप्स वो काम कर रही है। अब लोग सीधा

निवेश करने लग गए हैं अपने घर बैठे हुए। एक अध्ययन के हिसाब से जो फ्रंट ऑफिस की नौकरियाँ होती हैं, वह सारी की सारी उखड़ जाएंगी आर्टिफिशियल इंटेलिजेंस के द्वारा, आने वाले कुछ सालों के अंदर। एक और अध्ययन के मुताबिक 50 प्रतिशत नौकरी खत्म हो जाएगी बैंकिंग सेक्टर से वर्ष 2028 तक वर्ष 2018 की तुलना में।

(c) रक्षा क्षेत्र में काम करने वाले लोगों को क्यों करना चाहिए?

दोस्तों, न्यूक्लियर युद्ध से ज़्यादा खतरनाक है आर्टिफिशियल इंटेलिजेंस, क्योंकि न्यूक्लियर से लड़ाई होगी या नहीं होगी और अगर होगी भी तो कितना नुकसान होगा? मान लेते हैं दुनिया की आधी आबादी खत्म हो जाएगी और फिर इंसानों को अक्ल आ जाएगी, बाकि सभी बचे हुए लोग लड़ना बंद कर देंगे जैसा वर्ल्ड वॉर 2 में हुआ था एटम बम के इस्तेमाल के बाद। (जो भी अभी पिछली कुछ लाइनों में हमने पढ़ा ये सभी काल्पनिक हैं और इसके सच होने की उम्मीदें भी बहुत कम हैं) लेकिन आर्टिफिशियल इंटेलिजेंस को 100 प्रतिशत आना है भविष्य में और 80 प्रतिशत लोगों की ज़रूरत खत्म कर देनी है। तो यह कहना बिल्कुल सही होगा कि आर्टिफिशियल इंटेलिजेंस ज़्यादा खतरनाक है। ये 80 प्रतिशत लोगों को जब कोई काम नहीं देगा, तब इकलौता नेटवर्क मार्केटिंग एक ऐसा सेक्टर होगा जो सभी को गले लगाएगा।

अच्छा एक चीज़ सोचते हैं कि एक जगह हम रोबोट्स को रखते हैं और दूसरी जगह हम इंसानों को रखते हैं। एक चीज़ देखते हैं कि हमारे देश को रक्षा बल में इन्सान रखने चाहिए या रोबोट्स। रोबोट कभी भी वेतन नहीं लेते हैं, लेकिन इंसान वेतन लेते हैं। ऊपर से इंसान वेतन लेने के बाद भी 24 घंटे काम नहीं करेंगे, सातों दिन काम नहीं करेंगे लेकिन रोबोट वेतन नहीं लेगा फिर भी चौबीसों घंटे काम करेगा, सातों दिन काम करेगा। इंसान बीमार पड़ सकते हैं लेकिन रोबोट कभी बीमार नहीं पड़ेगा। इंसान को अंतराल चाहिए होगा चाय पीने का, खाना खाने का लेकिन मशीनों को इस तरह का कोई भी अंतराल नहीं चाहिए होता है। रोबोट अगर हमारी सीमा पर खड़ा है वह दिन में भी देख सकता है, वह रात को भी देख सकता है। रोबोट को ठंड भी

नहीं लगेगी और उसको गर्मी भी नहीं लगेगी। रोबोट को खाना भी नहीं खाना है। रोबोट की टेक्नोलॉजी से, हम बॉर्डर पर क्या हो रहा है, वह दिल्ली में बैठकर भी देख सकते हैं। लेकिन यह सारी की सारी चीजें इंसानों के साथ नहीं हो सकती हैं। इंसानों की जो आंखें हैं, वह इतनी सक्षम नहीं है कि वह रात को भी देख पाए, किलोमीटर दूर तक भी देख पाए, जमीन के अंदर भी और जमीन के ऊपर आसमान में भी देख पाए। लेकिन यह सारी के सारी जो चीज़ें हैं वह इंसान से ज़्यादा बेहतर मशीनें कर सकती हैं इसलिए आने वाले समय में हमें हमारे रक्षा क्षेत्र से लोगों को निकालना होगा। उनको नौकरी से हटाना होगा और अपनी आर्मी को ऑटोमेटिक करना होगा क्योंकि अगर हम अपने आपको ऑटोमेटिक नहीं करेंगे तो हमें इंसानों के जरिये ही देश की रक्षा करनी होगी। किसी भी देश की रक्षा इंसानों से कराना भविष्य में एक सही तरीका नहीं होगा क्योंकि अगर हम बात करें कि जैसे पहले के समय पर क्या होता था कि लोग तलवारों से लड़ते थे, तो जब बंदूक वाला जमाना आया तो जिन्होंने बोला वो तलवारों से ही लड़ेंगे, बंदूक वालों के सामने हार गए थे। उसी तरीके से आज के समय में इंसान जो हैं वह मशीनों से नहीं लड़ सकते, इसलिए हर देश को आने वाले समय में अपनी बॉर्डर की रक्षा रोबोट के द्वारा करनी पड़ेगी।

रोबोट को खरीदना या उनको बनाना एक बहुत महंगा काम है अभी। लेकिन उनके ऊपर निवेश बहुत ज़्यादा ज़रूरी भी है अगर हम अपने देश की सुरक्षा शक्ति को हमेशा मजबूत रखना चाहते हैं तो इसके लिए बहुत ज़्यादा पैसों की ज़रूरत होगी और वो पैसा हमें रक्षा बजट में से ही निकालना होगा। मतलब हम चाहे या ना चाहे लेकिन अगले कुछ सालों में हमारे रक्षा बल में से 80 प्रतिशत इंसानों को नौकरी

से हाथ धोना पड़ेगा क्योंकि जो 2 सबसे बड़े खर्चे हैं, आज रक्षा बल में तो वो हैं वेतन और भोजन का। 80 प्रतिशत रक्षा बल का जब ये खर्चा बचेगा तब उसी पैसे से हम बेहतर कर पाएंगे अपने रक्षा बल को।

आज मतलब भी नहीं बनता लोगों की जिंदगी को जोखिम में डालने का। क्योंकि आप देख सकते हैं, पहले फ्लाइट में खुद जाना पड़ता था लड़ने दुश्मन देश के अंदर लेकिन आज आप ड्रोन्स को भेज कर वही काम कर सकते हैं, तो ये कहना भी बिल्कुल सही होगा कि भविष्य में पायलट की नौकरी भी नहीं रहेगी। ड्रोन्स ही सारा काम कर देंगे। ड्रोन्स में कुछ होता भी है तो किसी पायलट की जिंदगी पर कोई खतरा नहीं रहता है।

अतीत में जिसकी जितनी बड़ी आर्मी होती थी वो जीत जाते थे, भविष्य में जिसकी ज़्यादा टेक्नोलॉजी वाली आर्मी होगी होगी वही जीतेगा। एक छोटा 1 करोड़ की आबादी वाला देश अगर टेक्नोलॉजी से मजबूत होगा तो आराम से एक 100 करोड़ की आबादी वाले लेकिन कम टेक्नोलॉजी वाले देश को हरा देगा।

आने वाले कुछ सालों में इंसानों की 90 प्रतिशत से ज़्यादा नौकरी को आर्टिफिशियल इंटेलिजेंस खत्म कर देगी।

(d) सरकारी नौकरी करने वाले लोगों को क्यों करनी चाहिए?

नेटवर्क मार्केटिंग सरकारी नौकरी वालों को भी करनी चाहिए। सरकारी नौकरी हो या गैर सरकारी नौकरी एक उम्र के बाद सभी रिटायर हो जाते हैं। रिटायरमेंट के बाद जब लोगों के पास कोई काम नहीं रहता तो आप खुद सोचो कि जिस इंसान ने अपनी जिंदगी में 60 साल तक कुछ ना कुछ काम किया है, 60 साल काम करने के बाद अगर वह इंसान बिल्कुल काम ना करें और अपने घर पर बैठ जाए तो क्या उनका मन लगेगा? नहीं लगेगा। इसलिए रिटायरमेंट के बाद में लोग नेटवर्क मार्केटिंग शुरू करते हैं। उनके पास आसान तरीका मौजूद होता है लेकिन वे ध्यान नहीं देते है।

अगर हम किसी भी सरकारी नौकरी वाले के पास जा रहे हैं तो उन्हें हम इस तरह से समझा सकते हैं की सर ठीक है आपको आज ज़रूरत नहीं है क्योंकि आज आप सरकार की नौकरी कर रहे हैं लेकिन जैसे ही आप रिटायर होंगे उस समय भी आपको पैसे के लिए चाहे ना ज़रूरत हो किन्तु उस समय आप अपना समय कैसे निकालना चाहते हैं? लोगों से कैसे मिलेंगे? क्या आप रिटायरमेंट के बाद घर बैठना चाहते हैं या उस समय भी आप कुछ ऐसा काम करना चाहते हैं की आपका नेटवर्क अच्छे से बड़ा होता रहे ताकि आप कभी अकेले ना हों?

काम चाहे आप 20 साल बाद करना शुरू कीजिए। लेकिन अगर आप आज से हमारी कंपनी का हिस्सा बनिए और हमारी कंपनी के अच्छे प्रोडक्ट्स जो कि आपकी ज़रूरत के भी हैं, इस्तेमाल करना शुरू कीजिए, उसके बाद आप चाहे उसमें 20 साल बाद काम करना शुरू कीजिए। कम से कम तब तक आपके एक तरफ भी काम शुरू हो गया, जिसकी

संभावना भी हैं, तो आपको कम से कम 20 साल बाद शून्य से काम शुरू नहीं करना पड़ेगा। सोचो अगर 20 साल में आपके एक तरफ 50 हजार लोगों की टीम आपको बनी मिली तो? और कोई टीम नहीं भी मिली तो भी कोई नुकसान नहीं है आपको।

(e) अवकाश प्राप्त या बुजुर्ग लोगों को क्यों करनी चाहिए?

आपको पता है जैसे ही इंसान 60 साल की उम्र से आगे बढ़ता है और अगर वह कोई काम नहीं करता है, तो एक सर्वेक्षण के मुताबिक 75 साल की उम्र होने से पहले साधारण तौर पर ऐसे इंसान को 5 से ज़्यादा मानसिक और शारीरिक बीमारियाँ हो जाती हैं। इसका कारण यह है कि जिन लोगों ने अपनी जिंदगी में 60 साल काम किया और उसके बाद एकदम से वो काम करना बंद कर देते हैं और घर में बैठकर या तो ताश खेल रहे होते हैं या फिर सिर्फ बच्चों को आशीर्वाद दे रहे होते हैं। कहीं ना कहीं ये सोच की हमें हमारे बुजुर्गों से प्यार है इसलिए हम उन्हें कोई काम नहीं करने देंगे, उनके स्वास्थ्य के लिए बहुत ख़राब साबित हुआ है।

आपको पता है कि जो हमारा शरीर है उसको थोड़ा सा व्यायाम चाहिए होता है, साथ ही साथ जो दिमाग है उसको भी कुछ अच्छा सोचने का चाहिए होता है। जब शरीर को कोई काम करने के लिए नहीं मिलता है और दिमाग को कुछ मेहनत नहीं करनी पड़ती है तो लोग बीमार हो जाते हैं। यही कारण है कि 60 साल में रिटायर होने से लेकर 75 साल की उम्र तक जाते-जाते लोगों को 5 से ज़्यादा बीमारियाँ हो जाती हैं। यह बीमारियाँ हमारे बुजुर्गों को ना हों, इसलिए हमारी ये ज़िम्मेदारी बनती है कि हम उनसे कुछ ना कुछ मानसिक और शारीरिक काम करवाएं।

आपको पता है कि नेटवर्क मार्केटिंग में एक तो सबसे अच्छी चीज़ है कि यहाँ कोई ज़्यादा शारीरिक कार्य नहीं होता। एक 20 साल का इंसान भारी सामान उठाने वाला काम कर सकता है, लेकिन 70 साल का इंसान 20 साल के इन्सान जितना शारीरिक कार्य नहीं कर सकता, इसलिए नेटवर्क मार्केटिंग एक बड़ा अच्छा विकल्प है। इस व्यवसाय से वो पैसा भी ना कमाएं तब भी उन्हें इस व्यवसाय में आना चाहिए। पैसा वैसे भी वो घर बैठ कर भी नहीं कमा रहे थे। लेकिन कम से कम अब उनका स्वस्थ्य अच्छा रहेगा। नेटवर्क मार्केटिंग में अगर हमारे बुजुर्ग आते हैं और काम करते हैं तो ये बहुत ही अच्छी बात होगी, हमारे बुजुर्गों के लिए और अगर वह पैसे भी कमाते हैं तो यह तो सोने पर सुहागा हो जायेगा। मैं कहता हूँ कि हमारे बुजुर्ग पैसा कमाएं या ना कमाएं लेकिन स्वस्थ जीवन कमा रहे हैं, नए लोगों से मिल रहे हैं, उनका जिंदगी का अनुभव साझा कर रहे हैं, एक कमरे या घर में बंद होकर नहीं बैठे हैं और ये सब उन्हें नि:शुल्क मिल रहा है तो पक्का हमें उन्हें नेटवर्क मार्केटिंग में लाना चाहिए।

(f) छात्रों को नेटवर्क मार्केटिंग में शामिल क्यों होना चाहिए?

छात्रों को नेटवर्क मार्केटिंग क्यों करनी चाहिए इससे पहले हम कुछ तथ्य को देखेंगे। आपको पता है वर्ष 2030 तक भारत की जो आबादी है वह 150 करोड़ से ज़्यादा हो जाएगी और उस समय आर्टिफिशियल इंटेलिजेंस की वजह से हमें हमारा देश चलाने के लिए ज़रूरत होगी लगभग 25 करोड़ लोगों की। अब बात कर लेते हैं एक दूसरे पहलू पर। आपको पता है भारत के पास पूरी दुनिया का सिर्फ 2.4 प्रतिशत ज़मीन है लेकिन पूरी दुनिया की 18 प्रतिशत आबादी भारत के पास है। ये बहुत ही ज़्यादा खतरनाक बात है। हम बहुत बेखौफ हो जाते हैं यह बोलकर के चीन तो हमसे भी ज़्यादा आबादी वाला देश है ,तो हमें डरने की कोई ज़रूरत नहीं है। चीन हमसे थोड़ा सा आबादी में ज़्यादा है लेकिन हम यह भूल जाते हैं कि चीन के पास भारत की ज़मीन से 3 गुना अधिक ज़मीन है। वर्ष 2017 के एक अनुमान के मुताबिक भारत के अंदर 2017 में 65 करोड़ आबादी ऐसी हैं जिनकी उम्र 27 साल से भी कम है। यह बहुत ही डरावनी बात है क्योंकि इसमें से 22 करोड लोगों के पास 2021 तक कोई अच्छी नौकरी नहीं होगी। भारत सरकार इतने लोगों को नौकरी प्रदान नहीं कर पाएगी। आज के समय में सरकार की सबसे बड़ी मुसीबत है कि वह पहले से काम कर रहे लोगों की नौकरी को बचा ले, नई नौकरियाँ पैदा करना इस समय एक बहुत ही मुश्किल काम है, क्योंकि आर्टिफिशियल इंटेलिजेंस पहले से जो लोग काम कर रहे हैं उनको ही नौकरियों से निकाल रही है और नई नौकरियाँ जो पैदा हो रही हैं वह इतनी ज़्यादा नहीं हो रही हैं जितनी की लोगों की ज़रूरत है।

कोई भी सरकार अब ज़्यादा नौकरी पैदा नहीं कर पायेगी। नौकरी हमने खुद खत्म की है सभी लोगों की और हम इल्जाम लगा रहे है सरकार पर। नहीं विश्वास होता तो बताओ:

1. आज अगर कार बुकिंग करनी होती है तो हम कार ट्रैवल एजेंट के पास जाते हैं या फ़ोन पर OLA से बुकिंग करते है?
2. आज आपको बस से कहीं जाना होता है तो ट्रेवल एजेंट के पास जाते हैं या टिकट के लिए REDBUS इस्तेमाल करते हैं?
3. ट्रैन की टिकट एजेंट से करते हैं अतिरिक्त पैसे देकर या IRCTC से घर बैठे कर लेते हैं?
4. फ्लाइट की टिकट ट्रेवल एजेंट बुकिंग करता है या आप MMT से बुकिंग कर लेते हैं?
5. पहले लाखों लोग STD, PCO चला कर घर चलाते थे, हमने मोबाइल इस्तेमाल करने शुरू कर दिया क्योंकि वो आसान था इस्तेमाल करने में, फिर लाखों लोग मोबाइल रिचार्ज करके घर चला रहे थे तो हमने PayTm इस्तेमाल करना शुरू कर दिया।

तो सरकार को गाली देना बंद करो कि नौकरी नहीं ला पा रही और ये मान लो सरकार आज कितना भी बोल दे के ट्रेवल एजेंट से कराओ फ्लाइट की टिकट खुद से मत करो क्योंकि ट्रेवल एजेंट को भी कमाना है। तो क्या आप मान जाएंगे? नहीं मानेंगे। तो अब ये तो मान ही लो के लोगों की नौकरी टेक्नोलॉजी ने खत्म की है, कर रही है और आगे और ज़्यादा खत्म करेगी हमारे माध्यम से। इसलिए ऐसी इंडस्ट्री में काम करो जिसका टेक्नोलॉजी कुछ भी ना कर पाए। इस समय भारत में 1 साल में 7 लाख छात्र बच्चे हैं जो कि इंजीनियरिंग करते हैं। उसमें से 60 प्रतिशत छात्र ऐसे होते हैं जिनको कोई भी नौकरी नहीं मिलती है लेकिन उनके ऊपर लोन ज़रूर चढ़ जाता है। दोस्तों

इस समय अगर हम बात करें तो ना बीपीओ इंडस्ट्री में कोई नौकरी है क्योंकि आर्टिफिशियल इंटेलिजेंस लोगों की ज़रूरत खत्म करती जा रही है। self-driving कार आ रही है, तो आने वाले समय में ड्राइवर्स तक की नौकरी नहीं बचेगी। मैन्युफैक्चरिंग सेक्टर में भी यही कहानी होने वाली है क्योंकि वहाँ तो ऑटोमेशन बहुत तेजी से आ रहा है। मैन्युफैक्चरिंग में ऑटोमेशन की वजह से 80 प्रतिशत लोगों की नौकरी का जाने का खतरा बना हुआ है वर्ष 2030 तक। बुकिंग और अकाउंटिंग की नौकरी भी ऑटोमेशन की वजह से खत्म होती जा रही है। जो सेना में आज इंसान कर रहे हैं, उनसे ज़्यादा अच्छे से और ज़्यादा सस्ते तरीके से रोबोट कर पाएंगे तो वहाँ पर भी नौकरी नहीं है। तो इस समय कुछ वजह तो यह है कि क्यों छात्रों को नेटवर्क मार्केटिंग करना चाहिए जो हमने अभी चर्चा की।

लेकिन इसके इलावा भी बहुत सरे कारण हैं जिस पर हम अब चर्चा करेंगे। आपको पता है कि आज के समय में इतना मुकाबला बढ़ चुका है कि अगर छात्रों के अंदर बहुत ज़्यादा कौशल नहीं होगा तो वह अपने क्षेत्रों में अच्छा प्रदर्शन नहीं कर पाएंगे। जब कोई छात्र शुरू करता है तो मैं हमेशा एक चीज़ बोलता हूँ कि आप पैसा भी ना कमा पाओ तो भी आप इस इंडस्ट्री को अच्छे से करना क्योंकि यहाँ से जो आपको कौशल हासिल करोगे वह आपको आपकी जिंदगी में हर जगह पर मदद करेगा।

कॉलेज के अंदर आज कल VIVA परीक्षा होती है। जहाँ बच्चों को अपने अध्यापक के सवालों के जवाब देने होते हैं। बहुत बार ऐसा होता है की बच्चों को जवाब पता होकर भी वो नहीं अच्छे से बोल पाते है क्योंकि उन्हें डर लगता है बोलने में। बहुत बार तो डर से बच्चे जवाब तक भूल जाया करते हैं। अगर ये बच्चे नेटवर्क मार्केटिंग कर

लें, तो इन्हें कभी भी किसी के सामने बैठ कर जवाब देने में डर नहीं लगेगा। जिसकी वजह से बच्चे VIVA परीक्षा में अच्छा कर पाएंगे।

उसके बाद दोस्तों दूसरी चीज़ होती है कक्षा में बच्चों के सामने प्रेजेंटेशन। जब बच्चे अपने ही छात्र दोस्तों के सामने कुछ बोलते हैं, तब भी वह इतना डर जाते हैं कि कई बार स्टेज पर चढ़ते ही कि वह कुछ बोल नहीं पाते हैं और जिसकी वजह से उनका प्रोजेक्ट अच्छा होने के बावजूद भी उन्हें अच्छे नंबर नहीं मिल पाते हैं। इन सभी बच्चों को नेटवर्क मार्केटिंग करनी चाहिए क्योंकि यह एक ऐसा व्यवसाय है जो सभी जो मौका देता है, लोगों से बात करने का। जैसे जैसे आपकी टीम यहाँ बनती जाती है, वैसे ही आपके अंदर से लोगों के सामने बोलने का डर भी खत्म होता जाता है। कक्षा में प्रेजेंटेशन से पहले आप पता नहीं कितनी बार स्टेज पर चढ़ चुके होंगे, तो आपके अंदर से डर निकल गया होगा स्टेज का। अब आप अच्छे से प्रेजेंटेशन दे पाएंगे और आपके नंबर अच्छे आने की सम्भावनाएं भी बढ़ जाएंगी।

आज बच्चे जब भी इंटरव्यू देने के लिए जाते हैं तो ज़्यादातर जगह पर सबसे पहला राउंड होता है ग्रुप डिस्कशन। मैंने देखा है इंजीनियरिंग के बच्चों के लिए भी पहले जो राउंड होता है वह होता है ग्रुप डिस्कशन। ग्रुप डिस्कशन राउंड को अगर ध्यान से समझें तो इंजीनियरिंग से कोई लेना देना नहीं होता, लेकिन जैसे हमने चर्चा की, हमारे यहाँ पर आबादी एक बहुत बड़ी समस्या है, इसके लिए होता क्या है कि कंपनी को अगर 100 बच्चे चाहिए होते हैं तो वह सोचती है कि हम 1 हजार छात्रों का इंटरव्यू लेंगे लेकिन वहाँ पर इंटरव्यू देने पहुंच जाते हैं 10 हजार छात्र। अब सबसे पहला काम कंपनी का यह होता है कि वो 10 हजार छात्रों में से 9 हजार छात्रों

को अलग करें और इसके लिए ज़्यादातर रखा जाता है ग्रुप डिस्कशन। ग्रुप डिस्कशन में क्या होता है आपको कोई विषय दिया जाता छोटे छोटे ग्रुप में बुला कर। आपको उस विषय के ऊपर 1-2 मिनट मिलते हैं बोलने के लिए। बहुत अच्छे अच्छे छात्र ग्रुप डिस्कशन में ही बाहर हो जाते हैं क्योंकि वो बोल नहीं पाते। वह पढाई में बहुत अच्छे होते हैं लेकिन लोगों के सामने बोलने का उन्हें कोई अभ्यास नहीं होता। इसलिए अगर आपको ग्रुप डिस्कशन पास करना है तो भी आपको करनी चाहिए नेटवर्क मार्केटिंग। क्योंकि नेटवर्क मार्केटिंग में आप जब शुरू करते हैं छोटे-छोटे मीटिंग लेते हैं और उसके बाद आप बड़ी मीटिंग लेने लग जाते हैं, जैसे जैसे आपकी टीम बढ़ने लग जाती है। आप नेटवर्क मार्केटिंग में 10-10 लोगों के सामने पता नहीं कितनी बार बोल चुके होंगे, इसलिए जब आप ग्रुप डिस्कशन में बैठे होंगे अनजान लोगों के सामने तो आप सबसे पहले होंगे जो वहाँ पर बोलना शुरू करेंगे ना कि बाकी छात्रों की तरह देख रहे होंगे कि कौन पहले बोलेगा। आप नेटवर्कर होंगे तो सबसे पहले कुछ बोलेंगे और उसकी वजह से आपकी जॉब पाने की जो संभावना है, वह बहुत ज़्यादा बढ़ जाती है।

यहाँ एक बात और समझनी होगी कि नौकरी के लिए आखिरी राउंड जो होता है वह आमने सामने बैठ कर लिया जाने वाला इंटरव्यू होता है। उसमें एक नेटवर्कर बहुत अच्छा प्रदर्शन कर सकता है। इंटरव्यू लेने वाला जो होता है वह भी ऊब चुका होता है ऐसे बच्चों से जो बच्चे डर डर को जवाब देते हैं या कई बार तो कुछ बोल ही नहीं पाते है। इंटरव्यू लेने वाला भी इन्सान ही होता है तो उसको भी अच्छा लगेगा कोई उसके सामने आकर आत्मविश्वास से बात करे। इंटरव्यू लेने वाले की प्रतिभा बहुत मायनों में एक अच्छे नेटवर्कर से कम होती

है, क्योंकि ज़्यादातर वह बच्चों को हाँ या ना ही बोलते हैं। उससे कोई बहस नहीं करता की तेरी कंपनी नहीं करनी या तेरी कंपनी भाग गयी तो। लेकिन एक नेटवर्कर जब प्लान देता है तो वह बहुत तरह के इन्सानों से मिलता है। कुछ कहेंगे तेरी कंपनी भाग गयी तो, कुछ कहेंगे ये काम ही गलत है। एक नेटवर्कर को इन सभी सवालों का जवाब देना होता है और फिर लोगों को समझाना होता है कि कैसे ये उद्योग ही है जो आगे जाकर सबको रोजगार देगा। तो इसलिए एक नेटवर्कर के अंदर लोगों को मनाने की कला आ जाती है। इसलिए वे बहुत अच्छी तरह से इंटरव्यू के आखिरी चरण को निकाल सकते हैं, बाकि छात्रों के मुकाबले।

हर छात्र को नेटवर्क मार्केटिंग करनी चाहिए क्योंकि ये जो व्यवसाय है वह नि:शुल्क आपको वो सब कुछ सिखाता है जो आपकी मदद करेगा VIVA, क्लास प्रेजेंटेशन, ग्रुप डिस्कशन और आपके अंतिम इंटरव्यू में। साथ ही साथ आपकी सारी जिंदगी में आप जो इस व्यवसाय से सीखते हो वह काम आता है। बहुत सारे उदहारण हैं जिन्होंने नेटवर्क मार्केटिंग में ज़्यादा पैसे नहीं कमाए लेकिन यहाँ से जो सीखा उसकी वजह से अपने दूसरे कामों में बहुत कुछ हासिल किया है। नेटवर्क मार्केटिंग के बारे में बच्चों को स्कूल के समय से ही सिखाने की बहुत ज़रूरत है।

(g) महिलाओं को नेटवर्क मार्केटिंग क्यों करनी चाहिए?

भारत में आज लगभग 35 करोड ऐसी महिला हैं जो घर पर रहती हैं। लेकिन एक सर्वेक्षण के अनुसार भारत में ये 35 करोड़ से ज़्यादा महिला 3 घंटे 44 मिनट्ट औसतन टेलीविज़न पर धारावाहिक भी देखती हैं। हमारे यहाँ पर महिलाओं का घर पर बहुत ज़्यादा काम रहता है तब भी वो पहले से ज़्यादा शारीरिक और मानशिक तौर पर बीमार क्यों हो रही हैं? इसका एक बहुत बड़ा कारण है, उनका टेलीविज़न पर धारावाहिक देखना। ये सभी को पता है के जिस तरह के क्राइम वाले धारावाहिक टेलीविज़न पर आते हैं भारत में, वो हमारे मानसिक स्वास्थ्य के लिए बहुत ज़्यादा नुकसानदायक हैं। क्राइम वाले धारावाहिक देखना लोगों के अंदर एक नकारात्मक सोच पैदा कर रहा है। आज इन धारावाहिकों की वजह से लोग दुनिया को एक बहुत गलत तरह से देखने लग गए हैं। रोजाना ऐसे धारावाहिक देखने वाले लोगों के अंदर ये नकारात्मक सोच कई मानसिक बीमारियों को जन्म देती है। आगे जाकर यही कारण भी बनते है कई शारीरिक बीमारियों के।

मैं आपका एक उदाहरण देता हूँ। अपनी इंजीनियरिंग की पढ़ाई खत्म कर के बैंगलोर से 4 साल बाद जब मैं दिल्ली वापस आया तो एक दिन मैं अपने एक दोस्त के घर गया। हमने सोचा के कहीं बाहर जाकर कुछ खाते हैं। जैसे ही हम दोनों दोस्त के घर से निकल रहे थे तभी मेरे दोस्त की मम्मी ने उसे आवाज दे कर बुलाया और मेरा दोस्त घर में वापस चला गया और 2 मिनट बाद में हँसते हुए बाहर आया। मैंने पूछा भाई हंस क्यों रहा है, तो उसने बताया के भाई मम्मी ने एक क्राइम धारावाहिक में देखा था की एक दोस्त कैसे अपने दोस्त को अपहरण कर लेता है, तो मम्मी कह रही थी की सुमित भी 4 साल

बाद आया है, तो उसके हाथों का कुछ मत खाना, कहीं तुझे कुछ खिला कर वो अपहरण ना कर ले। मैंने उसे समझाया के भाई इसको मजाक में मत ले, आंटी की सेहत के लिए ऐसी सोच सही नहीं है क्योंकि ये डर होना भी एक मानसिक बीमारी है और अगर आंटी जी जल्दी ऐसे धारावाहिक देखना बंद नहीं करेगी तो उन्हें सच में आगे जाकर और ज़्यादा बीमारी हो सकती है, मानसिक और शारीरिक। तब मेरे दोस्त ने उसके घर से केबल कनेक्शन ही हटा दिया था। क्या आप ऐसा कर पाएंगे?

भारत की सभी महिला जो घर पर रहती हैं, वो भी धारावाहिक नहीं देखना चाहती काम करना चाहती हैं। लेकिन वो नहीं कर पाती हैं क्योंकि उन्हें कोई ऐसा काम नहीं मिलता जो वो अपनी जिम्मेदारियों के साथ कर पाए। घर की जिम्मेदारी की वजह से उनके लिए मुश्किल हो जाता है घर से बाहर निकलना। लेकिन अगर कुछ ऐसा काम हो जो वो घर पर रहकर अपनी जिम्मेदारी निभाते हुए कर सकें तो वो ज़रूर करेंगी उस काम को।

महिलाओं के लिए नेटवर्क मार्केटिंग एक बहुत अच्छा ज़रिया है, अपने समय को अच्छे से इस्तेमाल करने का। नेटवर्क मार्केटिंग ही एक ऐसा व्यवसाय है जहाँ पर महिला अपने घर की जिम्मेदारियों के साथ काम कर सकती है और उन्हें घर से बाहर जाकर भी काम करने की ज़रूरत नहीं है। महिला ग्रुप बनाकर बहुत अच्छे से इस काम को कर सकती हैं। भारत की महिलाओं को नेटवर्क मार्केटिंग में लाना, भारत की अर्थव्यवस्था के लिए भी बहुत ज़्यादा फायदेमंद रहेगा।

अगर हमारे देश की महिलाएं एक भी पैसा ना कमाएं नेटवर्क मार्केटिंग में तब भी उन्हें ये करना चाहिए।

जब महिलाओं के पास नेटवर्क मार्केटिंग करने को होगा तो उनके व्यक्तिगत विकास में उन्हें बहुत ज़्यादा फायदा होगा। इस व्यवसाय में नई चीज़ों के बारे में सीखने को भी मिलता है। अब अगर महिलाओं के पास समय होगा तो वो धारावाहिक नहीं देखेंगी बल्कि नेटवर्क मार्केटिंग करेंगी तो उनका स्वस्थ्य जो ख़राब हो रहा था, नकारात्मक धारावाहिक देख कर वो भी नहीं होगा। आज बहुत ज़्यादा ज़रूरत है हमारे देश में महिलाओं के आत्मविश्वास को बढ़ाने की और यह काम नेटवर्क मार्केटिंग कर सकती है। इस व्यवसाय को हमें पैसे कमाने के व्यवसाय की तरह से नहीं देखना चाहिए बल्कि इस तरह से देखना चाहिए की इस व्यवसाय से जो सीखने को मिलेगा और आत्मविश्वास आएगा जो हर जगह मदद करेगा जैसे की अब महिलाओं को डर नहीं लगेगा, बच्चों के स्कूल जाकर टीचर से बात करने में।

पैसा नेटवर्क मार्केटिंग इंडस्ट्री का एक बहुत छोटा सा अंश है लेकिन दुर्भाग्यवश पैसे को ही हमने इंडस्ट्री बना दिया है। आप अगर किसी के घर जाकर किसी महिला को प्लान देते हैं और वहाँ उनके परिवार के सामने बोलते हैं, यहाँ से वो बहुत ज़्यादा पैसे कमाएगी, तो क्या होता है की परिवार उस महिला को सहयोग करता है शुरू में। लेकिन जब कुछ समय बाद पैसा नहीं आता तो उसी महिला को घर के वही सदस्य मना कर देते हैं, नेटवर्क मार्केटिंग में काम करने से, क्योंकि पैसा तो आ नहीं रहा। वो महिला भी अब काम नहीं करना चाहती क्योंकि पैसा तो आ नहीं रहा है। तो देखो आपने कितना गलत किया पैसे दिखा कर जॉइन करा के। अब वह महिला अकेली इस इंडस्ट्री को गलत नहीं समझेगी बल्कि उसके परिवार के बाकि सदस्य भी इस इंडस्ट्री को गलत समझेंगे।

लेकिन वही आप ये कह के शुरू करवाते की यहाँ काम करके उन्हें मुफ्त में नए प्रोडक्ट्स के बारे में जानने को मिलेगा, वो नए लोगों से मिलेंगी, जिससे उनके अंदर लोगों से बात करने की कला आएगी जो उन्हें हर जगह मदद करेगी। साथ ही साथ इससे वो अपने खाली समय में धारावाहिक देख कर उनकी सेहत नहीं ख़राब करेगी क्योंकि उनकी सेहत ख़राब होने की वजह सिर्फ उनका नुकसान नहीं होता बल्कि पूरे घर की आर्थिक व्यवस्था भी ख़राब होती है। आखिर में बोलना चाहिए के यहाँ से पैसा भी कमाया जा सकता है जो इसकी एक और खासियत है। आप अगर इस तरह से प्लान देंगे तो देखना कोई भी पैसा कमाए या ना कमाए लेकिन वो नेटवर्क मार्केटिंग के बारे में नकारात्मक नहीं बोलेगा।

नेटवर्क मार्केटिंग में जो सीखने को मिलता है उससे महिलाएं अपने बच्चों को और ज़्यादा अच्छे तरीके से मदद कर सकती हैं। उनका आत्मविश्वास उनके बच्चों में भी जाता है और परिवार में और भी ज़्यादा आदर सम्मान मिलने लगता है।

(h) रिटेल / मैन्युफैक्चरिंग / ऑटोमोबाइल में काम करने वाले लोगों को क्यों करना चाहिए?

भारत में लगभग 4 करोड़ से ज़्यादा लोग रिटेल क्षेत्र में काम करते हैं। रिटेल क्षेत्र की बात करें तो बहुत जल्दी ऐसे स्टोर्स आ रहे हैं, Amazon Go जैसे जहाँ रिटेल स्टोर में काम करने वालों की ज़रूरत 90 प्रतिशत से भी ज़्यादा कम हो जाएगी।

मैन्युफैक्चरिंग क्षेत्र की बात करें तो कहीं ना कहीं सबसे ज़्यादा मैन्युफैक्चरिंग क्षेत्र में ही नौकरी गयी है, जा रही है और जाएगी लोगों की आर्टिफिशियल इंटेलिजेंस और ऑटोमेशन की वजह से। आज हमारे देश में नए उद्योग तो आ रहे हैं लेकिन उन उद्योगों में अब लोगों की ज़रूरत ही ज़्यादा नहीं है। पहले जिस काम के लिए 100 इन्सान चाहिए थे आज 10 रोबोट्स उसी काम को इंसानों से ज़्यादा अच्छे से कर रहे हैं।

ऑटोमोबाइल क्षेत्र में हमने 2019 में देखा कैसे लोगों की नौकरी जा रही है। एक अनुमान के मुताबिक सिर्फ 2019 और 2020 में मिला कर इस क्षेत्र में काम करने वाले 25 प्रतिशत से ज़्यादा लोगों की नौकरी जा रही है।

“जब हर उद्योग से लोगों को निकाला जायेगा तब नेटवर्क मार्केटिंग इकलौता ऐसा व्यवसाय होगा जो सभी को बुला कर काम करने का मौका देगा"

नौकरी और नेटवर्क मार्केटिंग?

नौकरी और नेटवर्क मार्केटिंग की तुलना करता ऐसा ही होगा जैसे कि आप आम की तुलना कर रहे हो सेब से। किसी के लिए आम ज़्यादा अच्छा है, तो किसी के लिए सेब ज़्यादा अच्छा है।

नौकरी एक बहुत अच्छा साधन है तय आय का। लेकिन यह हमें ज़रूर जानना चाहिए कि जो नौकरी हम कर रहे हैं, क्या वह भविष्य में भी रहेगी। ऐसा ना हो कि आज हमें बहुत अच्छी महीने की कमाई हो रही हो लेकिन कल उसी काम को मशीन करने लग जाये तो हमें उस नौकरी से निकाल दिया जाये। नेटवर्क मार्केटिंग की अगर हम बात करें तो मशीन इसका कुछ नहीं कर सकती। तो आर्टिफिशियल इंटेलिजेंस के साथ हम नेटवर्क मार्केटिंग पर तो विश्वास कर सकते हैं लेकिन क्या आप अपनी नौकरी पर विश्वास कर सकते हैं?

78 प्रतिशत लोगों का मन ना नौकरी में होता है और ना ही व्यापार में। वो दोनों ही काम घर चलाने के लिए करते है। उनका जो मन होता है उस काम को ना कर पाने की वजह से, ना नौकरी अच्छे से कर पाते हैं और ना ही व्यापार। मन जिस काम में होता है उसमें पैसे नहीं होते, तो करें भी तो करें क्या। लेकिन इन 78 प्रतिशत लोगों के पास एक पैसिव आय आने लग जाये तो ये सभी के सभी जिस काम में इनका मन होगा वो करना शुरू कर सकते है। नेटवर्क मार्केटिंग इसमें मदद कर सकता है।

नौकरी भी बहुत ज़्यादा अच्छी है, अगर आप वो काम कर रहे हों जिसमें आपका मन हो। जैसे किसी का मन हो सकता है एक अच्छा टीचर बनने का, एक अच्छा इंजीनियर बनने का, एक अच्छा डॉक्टर बनने का या एक अच्छा CA बनने का।

लेकिन हमें ये ध्यान देना चाहिए जैसे फल हमें वो ज़रूर खाना चाहिए जो हमारे मन का हो लेकिन हमारे शरीर को बहुत और चीज़ों की ज़रूरत होती है, एक स्वस्थ जीवन जीने के लिए। तो हमें और भी बहुत कुछ खाना चाहिए फल के साथ ताकि हम शरीर की ज़रूरत पूरी कर सकें। उसी तरह से हमें काम वही करना चाहिए जिसमें हमारा मन हो, लेकिन साथ में ये भी ध्यान देना चाहिए की मन वाले काम में अगर हमारी कमाई पर कोई सीमा हो या फिर वो कमाई तभी तक आनी हो जब तक आप उस काम को करते हों, तो बहुत ज़्यादा ज़रूरत है कोई पैसिव आय के साधन चुनने की। नेटवर्क मार्केटिंग एक बहुत अच्छा साधन है पैसिव आय का। लेकिन अगर आपको ये नहीं करना तब भी आपको कोई अच्छा निवेश करना चाहिए नौकरी के साथ, जहाँ से आपको पैसिव आय आ सके। जैसे की शेयर मार्केट, स्टार्टअप्स या प्रॉपर्टी में निवेश करना।

अगर कोई फिर मोटिवेशनल स्पीकर ऐसी फालतू बात करता है कि नौकरी से ज़्यादा अच्छी है नेटवर्क मार्केटिंग या कोई नौकरी वाला बोले की नेटवर्क मार्केटिंग से ज़्यादा अच्छी है नौकरी तो आप बता देना उनको के आम अपनी जगह है और सेब अपनी जगह। ना तो आम ज़्यादा अच्छा है, सेब से और ना ही सेब ज़्यादा अच्छा है, आम से।

नेटवर्क मार्केटिंग उस बच्चे की तरह है जिससे बचपन में सभी गालियाँ देते हैं। उसके घर वाले उसे गालियाँ देते हैं, और जब उसके घर वाले गालियाँ देते हैं तो उसके आस पास के लोग भी समझ लेते हैं की वो बच्चा बहुत बिगड़ा हुआ है और उसका भविष्य खराब है। हर कोई उससे बोलता है के वो बड़ा होकर कुछ नहीं बन पायेगा। लेकिन बहुत बार ऐसा देखा गया है की ऐसे ही बच्चे आगे जाकर पूरे घर को

सँभालते हैं और फिर आस पड़ोस के बच्चों की भी मदद करते हैं। नेटवर्क मार्केटिंग भारत का वही बच्चा है जिसे आज बहुत सारे लोग गालियाँ दे रहे है की ये कुछ नहीं बनेगा, लेकिन आगे जाकर इस उद्योग को ही भारत देश को संभालना है।

दोस्तों का साथ चाहिए जिंदगी भर तो नेटवर्क मार्केटिंग करो

आपको पता है हमारे बहुत सारे दोस्त बनते हैं स्कूल में, जिनसे हमारा कोई संपर्क नहीं रहता कॉलेज में पहुंच कर। कितने ऐसे हमारे दोस्त होते हैं हॉस्टल के जिनसे हमारा कोई संपर्क नहीं रहता घर वापस पहुँच कर और पता नहीं कितनी कंपनी हम बदलते जाते हैं और पुरानी कंपनी के दोस्तों को भूलते जाते हैं।

तो अगर आपको अपने फ्रेंड्स के साथ जिंदगी भर का संपर्क रखना है तो कोई बहुत अच्छी नेटवर्क मार्केटिंग कंपनी में काम शुरू करो और सभी दोस्तों को भी करवाओ। पैसा आये तो सही ना आये तो सही, लेकिन दोस्त लोगों के साथ एक संपर्क बना रहेगा।

मैंने देखा है लोगों को पैसा कमाने के बाद जब पुराने दोस्तों का पता नहीं होता कि वे कहाँ हैं तो लाखों रुपये देकर क्लब जॉइन करते हैं, ताकि वहाँ जाकर लोगों से मिल सकें। आपको पता है बहुत बार संपर्क ना रहने की वजह से पता नहीं कितने अवसर निकल जाते हैं लोगों के हाथ से। याद रखना हमेशा कि पैसा इस उद्योग की एकलौती कमाई नहीं है, इस उद्योग की असली कमाई है नेटवर्क जो आपका बनता है इस उद्योग में आने से।

शिक्षित होना और गाइडलाइन्स पढ़ना क्यों ज़रूरी है?

ये इंडस्ट्री हमारी है तो हमको ही इसे साफ़ करना होगा। बहुत ज़्यादा ज़रुरत है इस इंडस्ट्री में आने वालो लोगों को ज्ञान की, ताकि वो किसी गलत कंपनी में जाकर इंडस्ट्री के लिए नकारात्मक ना हो जाएं। आज लाखों बच्चों को इस इंडस्ट्री की छवि जो मोटिवेशनल स्पीकर्स द्वारा दी जा रही है और जिस तरह से दी जा रही है वो, आगे जाकर उनकी जिंदगी ख़राब कर सकती है। बच्चों को कोट पैंट पहन कर धोखा देना सिखाया जा रहा है। बच्चों को बोला जा रहा है आप जब किसी को प्लान देने जाओ, तो कोट पैंट में जाओ ताकि प्रॉस्पेक्ट को लग सके कि आप बहुत अमीर हो या बन रहे हो। जो जितना ज्ञानी होता है, वो उतना कम बकवास करता है और जो जितना अमीर होता है पैसे और ज्ञान से वो उतना कम दिखावा करता है। लेकिन ये मोटिवेशनल स्पीकर बकवास और दिखावे दोनों में पीएचडी हैं।

कोट पैंट में पहला इम्प्रेशन मस्त देकर क्या होगा? नेटवर्कर हो, सिर्फ सेल्समेन नहीं हो जो दोबारा नहीं मिलोगे उन प्रॉस्पेक्ट से उनकी जॉइनिंग के बाद। अगली बार जब वो आपको बस में जाते देख रहे होंगे, कोट पैंट में तब क्या होगा? पहला इम्प्रेशन ठीक कर के बाद में अगले सारे ख़राब करने से अच्छा है पहला वही रखो जो हो और फिर मेहनत करो, आगे बढ़ो और आपकी तरक्की से लोगों के सामने इम्प्रेशन को और अच्छा करते जाओ।

एजुकेशन नहीं आएगी तो ये मोटिवेशनल स्पीकर और कूड़ा कचड़ा बेचने वाली कंपनी, इस इंडस्ट्री में मोटिवेशन का ज़हर ऐसे ही डालते रहेंगे। मोटिवेशन इन कंपनियों और स्पीकर लोगों की मज़बूरी है। क्योंकि ना तो कूड़ा कचड़ा बेचने वाली कंपनी के पास कोई अच्छा प्रोडक्ट होता है और ना ही मोटिवेशनल स्पीकर्स के पास कुछ अच्छा, इसलिए इनका प्रोडक्ट ही मोटिवेशन बन जाता है। जो मोटिवेशनल

स्पीकर हर जगह अपनी एजुकेशन बताये या उसके द्वारा पहनी हुई चीज़ों का रेट, आपको ऐसे फालतू स्पीकर्स से दूर रहना है। हम नेटवर्क मार्केटिंग की कितनी भी अच्छी बिल्डिंग बना लें लेकिन आस पास कूड़ा रहेगा तो बिल्डिंग कभी अच्छी नहीं लग पायेगी। तो कूड़ा पास भी नहीं आने देना है और अच्छी बिल्डिंग भी बनानी है।

मोटिवेशन का नशा दारू के नशे की तरह होता है, जैसे ही उतरेगा आपको समझ आएगा कि आपका समय और पैसा दोनों ख़राब हुआ।

भारत सरकार द्वारा जारी की हुई गाइडलाइन्स को सभी को ज़रूर पढ़ना चाहिए। इन गाइडलाइन्स से हमें पता चलता है कि नेटवर्क मार्केटिंग में किस तरह की कंपनी सही होती है। किस तरह के प्रोडक्ट्स और सेवाएं हम नेटवर्क मार्केटिंग में बेच सकते हैं, किस तरह का पेआउट कानूनी है और किस तरह का कानूनी नहीं है। नेटवर्क मार्केटिंग में डिस्ट्रीब्यूटर्स के अधिकार और दायित्व के बारे में भी हमें पता चलता है इन गाइडलाइन्स में। नेटवर्क मार्केटिंग कंपनियों के उत्तरदायित्व क्या हैं और भी बहुत कुछ है, जो हमें इन गाइडलाइन्स से पता चलता है।

तो चलिए इनको पहले ज्यों का त्यों पढ़ते हैं और फिर आसान भाषा में बाद में इनको समझते हैं।

राज्य सरकारों/ संघ राज्य क्षेत्रों को नीतिगत निर्देश

प्रत्यक्ष बिक्री के संबंध में दिशानिर्देशों की मॉडल रूपरेखा

इन दिशानिर्देशों को प्रत्यक्ष बिक्री दिशानिर्देश 2016 कहा जाएगा। ये राज्य सरकारों को 'प्रत्यक्ष बिक्री' और बहुस्तरीय विपणन व्यापार को विनियमित करने पर विचार करने तथा प्रत्यक्ष बिक्री और बहुस्तरीय विपणन के संबंध में विद्यमान विनियामक तंत्र को सुदृढ़ बनाने के लिए मार्गदर्शक सिद्धांतों के रूप में धोखाधड़ी को रोकने और उपभोक्ताओं के वैधानिक अधिकारों और हितों का संरक्षण करने के लिए जारी किए जा रहे हैं।

खंड 1. परिभाषाएं:

इन दिशानिर्देशों में जब तक अन्यथा अपेक्षित ना हो:

1. "अधिनियम" का अर्थ उपभोक्ता संरक्षण अधिनियम, 1986 (1986 का 68) है;
2. 'उपभोक्ता' का अर्थ वही होगा जो उपभोक्ता संरक्षण अधिनियम, 1986 में दिया गया है;
3. 'संभावना' से तात्पर्य वह व्यक्ति है जिसे प्रत्यक्ष विक्रेता द्वारा प्रत्यक्ष बिक्री अवसर प्राप्त करने की पेशकश की गई है या प्रस्ताव दिया गया है;
4. 'प्रत्यक्ष विक्रेता' से तात्पर्य, विधिक रूप से लागू किए जा सकने वाले लिखित अनुबंध के माध्यम से प्रमुख से प्रमुख आधार पर प्रत्यक्ष बिक्री व्यापार चलाने के लिए किसी प्रत्यक्ष बिक्री संस्था

द्वारा, प्रत्यक्ष अथवा अप्रत्यक्ष रूप से, नियुक्त अथवा प्राधिकृत व्यक्ति है;

5. "प्रत्यक्ष बिक्री का नेटवर्क" से तात्पर्य, वितरण के विभिन्न स्तरों पर प्रत्यक्ष विक्रेताओं का एक नेटवर्क है जो अन्य स्तरों पर ऐसे प्रत्यक्ष विक्रेताओं की भर्ती या प्रवेश या प्रायोजित कर सकते हैं जो फिर उसकी सहायता करेंगेः

व्याख्याः "प्रत्यक्ष बिक्री का नेटवर्क" से तात्पर्य किसी प्रत्यक्ष बिक्री संस्था द्वारा प्रत्यक्ष बिक्री व्यापार के लिए अपनाया गया संवितरण अथवा विपणन का कोई तरीका है और इसमें विपणन का मल्टी लेवल तरीका भी शामिल है।

6. "प्रत्यक्ष बिक्री" से अभिप्रायः पिरामिड स्कीम के अतिरिक्त प्रत्यक्ष बिक्री के एक भाग के रूप में वस्तुओं का विपणन, वितरण और बिक्री करना या सेवाएं प्रदान करना है;

बशर्ते कि उपभोक्ताओं को इन वस्तुओं अथवा सेवाओं की बिक्री 'स्थायी खुदरा अवस्थिति के अतिरिक्त प्रायः उनके घर में अथवा उनके कार्यस्थल पर ऐसी वस्तुओं के प्रचार और प्रदर्शन द्वारा किसी निश्चित स्तर पर की जाएगी।

7. "प्रत्यक्ष बिक्री संस्था" से अभिप्रायः एक ऐसी संस्था है जो पिरामिड स्कीम में नहीं लगी हुई है और जो प्रत्यक्ष विक्रेता के माध्यम से वस्तुओं अथवा सेवाओं की बिक्री या पेशकश करती है।

परंतु "प्रत्यक्ष बिक्री संस्था" में कोई ऐसी संस्था या व्यापारी शामिल नहीं है जो संदर्भित प्रयोजनार्थ समय-समय पर सरकार द्वारा अधिसूचित या अन्यथा किया गया हो।

8. “वस्तुओं” से तात्पर्य, वस्तुओं की बिक्री अधिनियम, 1930 में यथापरिभाषित वस्तुएं है और “सेवाओं” से तात्पर्य उपभोक्ता संरक्षण अधिनियम, 1986 में यथापरिभाषित सेवाएं हैं।

9. “बिक्री योग्य” का अर्थ, वस्तुओं और/या सेवाओं के मामले में, प्रयोग ना की गई और विपणन योग्य, जिसकी समयावधि समाप्त ना हुई हो, और जो मौसमी, अप्रचलित अथवा विशेष प्रोत्साहन के लिए बनी वस्तुएं और/या सेवाएं ना हो;

10. “उपशमन अवधि” का अर्थ, वह समयावधि है जो उस तारीख से गिनी जाएगी जब प्रत्यक्ष विक्रेता और प्रत्यक्ष बिक्री संस्था खंड 4 के तहत अनुबंध करते हैं और उस तारीख को समाप्त होगी जब अनुबंध पूरा हो जाता है और जिसक बीच प्रत्यक्ष विक्रेता संविदा-भंग के लिए दंड के अध्यधीन हुए बिना अनुबंध को समाप्त कर देता है;

11. “पिरामिड स्कीम” से तात्पर्य:

अंशदाताओं का एक बहुस्तरीय नेटवर्क है, जिसमें अंशदाताओं द्वारा स्कीम में अतिरिक्त अंशदाताओं के कार्य अथवा निष्पादन के लिए भर्ती के परिणामस्वरूप कोई लाभ, प्रत्यक्ष अथवा अप्रत्यक्ष प्राप्त करने के उद्देश्य से एक अथवा अधिक अंशदाताओं को भर्ती किया जाता है। अंशदाता आगे और अंशदाताओं को नामांकित करते हैं और उच्चतर स्थान प्राप्त कर लेते हैं तथा नामांकित किए गए अंशदाता निम्न स्थान पर होते हैं, इस प्रकार आगे से आगे नामांकन करते हुए वे अंशदाताओं का एक बहुस्तरीय नेटवर्क स्थापित कर लेते हैं।

परंतु पिरामिड स्कीम की उपर्युक्त परिभाषा उस दशा में लागू नहीं होगी जब अंशदाताओं द्वारा कोई लाभ, प्रत्यक्ष अथवा अप्रत्यक्ष, प्राप्त

करने के उद्देश्य से एक या अधिक अंशदाताओं को नामांकित करके अंशदाताओं का बहुस्तरीय नेटवर्क बनाया गया हो, जहां वस्तुओं अथवा सेवाओं की अंशदाताओं को बिक्री अथवा उपभोग के परिणामस्वरूप लाभ होता हो और स्कीम/वित्तीय प्रबंध निम्नलिखित सभी बातों के अनुरूप हों:

क) इसमें प्रत्यक्ष बिक्रीकर्ता द्वारा नए प्रतिभागियों की भर्ती/नामांकन के लिए किसी प्रकार का पारिश्रमिक अथवा प्रोत्साहन प्राप्त नहीं किया जाएगा।

ख) यह निम्नलिखित वस्तुओं अथवा सेवाओं की खरीद के लिए अनिवार्य रूप से भागीदार की अपेक्षा नहीं करता हैः

(1) उस राशि के लिए जो अनुचित रूप से उस राशि से अधिक है जिस पर ऐसी वस्तुओं अथवा सेवाओं को उपभोक्ताओं को बेचे जाने अथवा पुनः बेचे जाने की संभावना हो सकती है;

(2) वस्तुओं अथवा सेवाओं की उस मात्रा के लिए जो अनुचित रूप से उस राशि से अधिक है जिस पर उपभोक्ता के लिए उपभोग किए जाने, अथवा बेचे जाने अथवा पुनः बेचे जाने की संभावना है;

ग) इसमें भागीदार से भागीदारी संबंधी किसी प्रविष्टि/पंजीकरण शुल्क, बिक्री प्रोत्साहन साधनों और सामग्री की लागत अथवा किसी अन्य शुल्क की अपेक्षा नहीं की गई है।

घ) यह भागीदार को भागीदारी की "भौतिक शर्तों" का वर्णन करते हुए, लिखित संविदा उपलब्ध कराता है।

ङ) यह भागीदार को स्कीम में भाग लेने अथवा भागीदारी को रद्द करने के लिए उचित उपशमन अवधि की अनुमति अथवा

व्यवस्था करता है और प्रचालनों में भाग लेने के लिए विचाराधीन अवधि के लिए प्रतिदाय प्राप्त करता है।

च) यह उचित संदर्भो पर भागीदार के अनुरोध पर भागीदार को बेची जाने वाली "वर्तमान में विपणन योग्य" वस्तुओं अथवा सेवाओं की वापसी खरीद अथवा पुनः खरीद की अनुमति अथवा व्यवस्था करता है।

छ) इसमें उपभोक्ताओं के लिए एक शिकायत निवारण तन्त्र की व्यवस्था है जिसका उल्लेख इसके खंड 7 में स्पष्ट रूप से किया गया है।

स्पष्टीकरण-1 इस परंतुक के प्रयोजनों के लिए "भौतिक शर्तों" से तात्पर्य वापसी खरीद अथवा पुनः खरीद नीति, उपशमन अवधि, वारंटी और प्रतिदाय नीति से है।

12. "धन परिचालन स्कीम" का वही अर्थ होगा जो कि प्राइज चिट्ठ और धन परिचालन स्कीमों (निषेध) अधिनियम, 1978 के तहत परिभाषित है।

13. "पारिश्रमिक प्रणाली" से तात्पर्य प्रत्यक्ष बिक्री संस्था द्वारा प्रत्यक्ष विक्रेता को क्षतिपूर्ति किए जाने के लिए अपनायी जाने वाली प्रणाली से है, जो मासिक, अथवा आवधिक अथवा वार्षिक आधार अथवा दोनों, जैसा भी मामला हो, प्रत्यक्ष विक्रेताओं को प्रत्यक्ष बिक्री संस्था द्वारा दिए गए वित्तीय और गैर-वित्तीय प्रोत्साहनों लाभ और कमीशन के विभाजन के तरीके की व्याख्या करता है। यह प्रणाली, प्रत्येक प्रत्यक्ष बिक्री संस्था के लिए:

क) ऐसा कोई उपबंध नहीं कि प्रत्यक्ष विक्रेता ऐसी प्रत्यक्ष बिक्री में भाग लेने के लिए भर्ती से पारिश्रमिक प्राप्त करेगा।

ख) यह सुनिश्चित है कि प्रत्यक्ष विक्रेता ऐसे प्रत्यक्ष विक्रेताओं द्वारा वस्तुओं अथवा सेवाओं की बिक्री से पारिश्रमिक प्राप्त करेगा।

ग) पारिश्रमिक की गणना के तरीके को स्पष्ट रूप से प्रकट करेगा।

14। राज्य में संघ राज्य क्षेत्र भी शामिल हैं।

खण्ड-2. प्रत्यक्ष बिक्री व्यवसाय की स्थापना के लिए शर्तें:

राजपत्र में अधिसूचना के प्रकाशन के बाद प्रत्यक्ष बिक्री व्यवसाय करने के लिए आशयित प्रत्येक प्रत्यक्ष बिक्री संस्था, प्रत्यक्ष बिक्री व्यवसाय करने के लिए निम्नलिखित शर्तों का अनुपालन 90 दिनों के तहत करेगी:

1. भारत के कानूनों के तहत यह एक पंजीकृत विधिक संस्था होगी।
2. सभी संभावित प्रत्यक्ष विक्रेताओं के लिए अनिवार्य अभिमुखी सत्र का आयोजन किया जाएगा, जिसमें प्रत्यक्ष बिक्री संचालन के सभी पहलुओं पर उचित और सही सूचना दी जाएगी, जो पारिश्रमिक प्रणाली और नये भर्ती किए गए प्रत्यक्ष विक्रेताओं के लिए संभावित पारिश्रमिक तक ही सीमित नहीं होगी।
3. तर्कसंगत राशि के पारिश्रमिक अवसरों और संबंधित अधिकारों तथा उत्तरदायित्वों से संबंधित संभावित और विद्यमान प्रत्यक्ष विक्रेताओं को सही और पूर्ण जानकारी उपलब्ध कराना।
4. प्रत्यक्ष विक्रेताओं को देय सभी राशियों का भुगतान करेगा और तर्कसंगत वाणिज्यिक रूप से कटौती करेगा।
5. प्रत्येक प्रत्यक्ष विक्रेता को तर्कसंगत व्यवसायिक शर्तों पर पूर्ण वापसी अथवा वापसी खरीद गारंटी को अधिसूचित और प्रदान

करेगा जिसे प्रत्यक्ष विक्रेता को वस्तुओं अथवा सेवाओं के वितरण की तारीख से 30 दिनों की अवधि के अंदर पूरा किया जाएगा।

6. प्रत्येक प्रत्यक्ष विक्रेता के लिए एक उपशमन अवधि अधिसूचित और प्रदान करेगा जो ऐसे प्रत्यक्ष विक्रेता को उपशमन अवधि के दौरान प्रत्यक्ष विक्रेता द्वारा खरीदी गई अन्य वस्तुओं/ सेवाओं को वापिस करने का पात्र बनाएगी:
7. प्रोत्साहक अथवा मुख्य प्रबंधन कार्मिक पिछले 5 वर्षों के दौरान किसी सक्षम क्षेत्राधिकार वाले न्यायालय द्वारा, कारावास से दडित किए जा सकने वाले किसी दांडिक अपराध के लिए दोषी नहीं ठहराए गए हों;
8. उपभोक्ताओं और प्रत्यक्ष विक्रेता को उत्पादों के मूल्य, उत्पादों की वापसी अथवा बदलने और वस्तुओं और सेवाओं की सही आपूर्ति और बिक्री के बाद की शिकायतों के निपटान की सुविधा प्रदान करने और सन्तुष्ट करने के लिए राज्य में इसके संचालन के लिए पहचान किए गए क्षेत्राधिकार में एक कार्यालय होगा;

खण्ड-3. प्रत्यक्ष बिक्री व्यवसाय के संचालन के लिए शर्ते

प्रत्येक प्रत्यक्ष बिक्री प्रतिष्ठान निम्नलिखित शर्तों का अनुपालन करेगा:

1. प्रतिष्ठान द्वारा बेची जाने वाली अथवा आपूर्ति की जाने वाली वस्तुओं अथवा प्रदान की जाने वाली सेवाओं के साथ प्रतिष्ठान की पहचान की जिम्मेदारी-मालिक, ट्रेडमार्क चिह्न, सेवा चिह्न अथवा अन्य पहचानचिह्न के लाईसेंसधारक की होगी।
2. यह प्रत्यक्ष विक्रेताओं को उचित पहचान दस्तावेज जारी करेगा।
3. यह अपने व्यवसाय संबंधी कार्यों का व्यक्तिक अथवा इलैक्ट्रानिक रूप में उचित रिकार्ड रखेगा, जिसमें उनकी वस्तुओं सेवाओं,

संविदा की शर्तों, मूल्य, आय योजना, प्रत्यक्ष विक्रेताओं के ब्यौरे शामिल होंगे किंतु यह नामांकन, रद्द करना, सक्रिय स्थिति, आय आदि तक ही सीमित नहीं होगा।

क) प्रत्येक प्रत्यक्ष बिक्री संस्था, "प्रत्यक्ष विक्रेताओं का एक रजिस्टर" रखेगी जिसमें नामांकित किए गए प्रत्येक प्रत्यक्ष विक्रेता के संगत ब्यौरों को अद्यतित और अनुरक्षित किया जाएगा;

ख) प्रत्यक्ष विक्रेताओं के ब्यौरों में सत्यापित पता प्रमाण पत्र, पहचान प्रमाण पत्र और पैन शामिल होंगे;

4. यह प्रतिष्ठान के सभी संबंधित ब्यौरों, संपर्क सूचना, इसके प्रबंधन, उत्पादों, उत्पाद सूचना, उत्पाद गुणवत्ता प्रमाणपत्र, मूल्य, पूर्ण आय योजना, प्रत्यक्ष विक्रेता के साथ संविदा शर्तों और प्रत्यक्ष विक्रेताओं और उपभोक्ताओं के लिए शिकायत निपटान तंत्र के साथ वेबसाइट को पूर्ण और अद्यतित रखेगा। वेबसाइट में उपभोक्ता शिकायतों को दर्ज करवाने हेतु स्थान होगा और यह सुनिश्चित करेगा कि शिकायतों का समाधान ऐसी शिकायत करने के 45 दिनों के अंदर किया जाएगा।

5. यह सभी प्रत्यक्ष विक्रेताओं को, प्रत्यक्ष विक्रेताओं के साथ किए गए करार के अनुसार यथा अनुकूल, बिक्री, खरीद, आय के ब्यौरे, कमीशन, बोनस और अन्य संबंधित आंकड़ों संबंधी उनके आवधिक खाता/सूचना प्रदान करेंगे। सभी वित्तीय देय प्रदान किए जाएंगे और कटौती तर्कसंगत वाणिज्यिक रूप से की जाएगी।

6. यह मासिक आधार पर अपने प्रत्यक्ष विक्रेताओं/वितरकों की खरीददारी के मूल्य की निगरानी करेगा और यदि कभी खरीद

मूल्य वैट की सीमा को पार करता है तो यह वैट का भुगतान करने के लिए प्रत्यक्ष विक्रेता/वितरक को सूचित करेगा।

7. प्रत्यक्ष बिक्री संस्था द्वारा निम्नलिखित कार्य नहीं किए जाएंगे:

क) अपने संभावित अथवा विद्यमान प्रत्यक्ष विक्रेताओं के साथ अपने लेन-देन के भ्रामक, कपटपूर्ण अथवा अनुचित भर्ती पद्धतियां, जिसमें वास्तविक अथवा संभावित बिक्री अथवा आय का गलत ढंग से प्रस्तुतीकरण शामिल हो;

ख) संभावित प्रत्यक्ष विक्रेता को ऐसा वास्तविक प्रस्तुतीकरण देना जिसे सत्यापित ना किया जा सके अथवा ऐसा वादा करना जिसे पूरा ना किया जा सके।

ग) किसी संभावित प्रत्यक्ष विक्रेता को प्रत्यक्ष बिक्री के किसी लाभ का मिथ्या अथवा कपटपूर्ण बखान करना।

घ) अपनी प्रत्यक्ष बिक्री प्रक्रिया जिसमें पारिश्रमिक प्रणाली और इसके और प्रत्यक्ष विक्रेता के बीच करार अथवा इसके द्वारा अथवा प्रत्यक्ष विक्रेता द्वारा बेची जा रही वस्तुओं अथवा प्रदान की जा रही सेवाओं संबंधी झूठा अथवा भ्रामक प्रस्तुतीकरण करना अथवा करने अनुमति देना।

ङ) अपनी प्रत्यक्ष बिक्री प्रक्रिया जिसमें पारिश्रमिक प्रणाली और इसके और प्रत्यक्ष विक्रेता के बीच करार अथवा इसके द्वारा अथवा प्रत्यक्ष विक्रेता द्वारा बेची जा रही वस्तुओं अथवा सेवाओं संबंधी किसी विशेष सामग्री जिसके झूठी अथवा भ्रामक होने की संभावना है, का प्रस्तुतीकरण देना अथवा देने की अनुमति प्रदान करना; में शामिल अथवा कारण अथवा अनुमति देने में शामिल होना।

च) अपनी प्रत्यक्ष बिक्री प्रक्रिया जिसमें पारिश्रमिक प्रणाली और इसके और प्रत्यक्ष विक्रेता के बीच करार अथवा इसके द्वारा अथवा प्रत्यक्ष विक्रेता द्वारा बेची जा रही वस्तुओं अथवा सेवाएं शामिल हैं की प्रत्यक्ष बिक्री को बढ़ावा देने के लिए धोखाधड़ी, जबरदस्ती, परेशान अथवा अतर्कसंगत या गैर कानूनी तरीकों का उपयोग करना;

छ) अपने प्रत्यक्ष विक्रेताओं को कोई लाभ उपलब्ध कराना जिसमें प्रवेश शुल्क और नवीनीकरण शुल्क अथवा प्रत्यक्ष बिक्री संचालनों में भाग लेने के लिए बिक्री हेतु प्रदर्शन के लिए उपकरणों अथवा सामग्रियों की खरीद शामिल है।

ज) किसी व्यक्ति को सिर्फ प्रत्यक्ष विक्रेताओं के रूप में एक अथवा अधिक व्यक्तियों के परिचय अथवा भर्ती के परिणामस्वरूप कोई लाभ प्रदान करना;

झ) प्रत्यक्ष विक्रेता से न्यूनतम मासिक अंशदान अथवा नवीकरण प्रभारों के रूप में कोई पैसा देने की अपेक्षा करना;

8. किसी प्रत्यक्ष बिक्री प्रतिष्ठान द्वारा अपनाए गए संवितरण के तरीके में किसी बात के होते हुए भी वह प्रतिष्ठान अपने प्रत्यक्ष बिक्री नेटवर्क के किसी सदस्य द्वारा इन दिशा-निर्देशों का अनुपालन सुनिश्चित करवाएगा चाहे उस सदस्य की नियुक्ति प्रत्यक्ष रूप से अथवा अप्रत्यक्ष रूप से की गई हो।

खंड 4. प्रत्यक्ष विक्रेता/वितरक और प्रत्यक्ष बिक्री संस्था के बीच प्रत्यक्ष संविदा की शर्तें

1. प्रत्येक प्रत्यक्ष बिक्री संस्था द्वारा नामांकन से पहले प्रत्यक्ष विक्रेता के साथ संविदा समझौता निष्पादित किया जाएगा:

क) समझौते को भारतीय संविदा अधिनियम, 1872 की धारा 10 के अनुरूप प्रस्तुत किया जाए;

ख) इन दिशानिर्देशों अथवा लागू अन्य किसी नियम के तहत इस समझौते में पार्टियों के अधिकारों एवं कर्तव्यों के अलावा, पार्टियों के पास ऐसे अधिकार एवं कर्तव्य होने चाहिए जो भारतीय संविदा अधिनियम, 1872 के तहत पार्टियों के अधिकारों और कर्तव्यों के समरूप हों।

2. समझौता लिखित में किया जाए, जिसमें भागीदारी की महत्वपूर्ण परिभाषाओं के बारे में बताया गया हो और जो:

क) प्रत्यक्ष विक्रेता को वस्तुओं अथवा सेवाओं को उस मात्रा में खरीदने के लिए बाह्य अथवा प्रेरित नहीं करेगा, जो उस मात्रा से अनुचित रूप से अधिक हो, जिसे उपभोक्ताओं को बेचा जा सकता है अथवा उचित समयावधि में उसका उपभोग किया जा सकता है;

ख) प्रत्यक्ष विक्रेता को उचित उपशमन अवधि की अनुमति देना अथवा प्रदान करना जिसमें आवेदक को भागीदारी रद्द करने और संचालनों में भागीदारी पर विचार करने के लिए कोई प्रतिदाय दिया जाए;

ग) ऐसे मामलों में और ऐसी स्थिति में, जहां संविदा आरम्भ करने के 2 वर्षों अथवा प्रत्यक्ष विक्रेता द्वारा की गई अंतिम बिक्री की तारीख से प्रत्यक्ष विक्रेता द्वारा वस्तुओं अथवा सेवाओं की कोई बिक्री ना की गई हो, उचित नोटिस के साथ, संविदा को समाप्त करने की अनुमति देना,

घ) उक्त प्रत्यक्ष विक्रेता के अनुरोध पर, उचित संदर्भ में प्रत्यक्ष विक्रेता को वर्तमान में विपणन योग्य वस्तुओं अथवा सेवाओं के लिए वापसी क्रम अथवा पुनःक्रम नीति की अनुमति देना/प्रदान करना।

खंड 5: प्रत्यक्ष विक्रेताओं के कुछ कर्त्तव्य

1. प्रत्यक्ष बिक्री में लगे हुए प्रत्यक्ष विक्रेता/वितरक को अपने पहचान पत्र साथ रखने चाहिए और पूर्व नियुक्ति/अनुमति के बिना उपभोक्ता परिसर में नहीं जाना चाहिए;
2. बिक्री प्रस्तुतीकरण देते समय सर्वप्रथम, अनुरोध के बिना, सत्यता एवं स्पष्ट रूप से स्वयं की पहचान बताना, प्रत्यक्ष बिक्री कम्पनी की पहचान बताना, बेची गई वस्तुओं एवं सेवाओं की प्रकृति और प्रत्याशी उपभोक्ता को अनुरोध करने का उद्देश्य बताना;
3. प्रत्याशी उपभोक्ता को वस्तुओं एवं सेवाओं, मूल्य, साख की शर्तें, भुगतान की शर्तें, वापसी की नीतियां, गारंटी की शर्तें, बिक्री के बाद की सेवाओं का स्पष्ट एवं सम्पूर्ण विवरण तथा निरूपण प्रदान करना;
4. बिक्री के समय प्रत्याशी/उपभोक्ताओं को निम्नलिखित जानकारी प्रदान करनाः

क) प्रत्यक्ष विक्रेता का नाम, पता, पंजीकरण संख्या अथवा नामांकन संख्या, पहचान का प्रमाण और टेलीफोन नम्बर तथा प्रत्यक्ष विक्रेता कम्पनी का ब्यौरा;

ख) आपूर्ति की जाने वाली वस्तुओं अथवा सेवाओं का विवरण;

ग) लेन-देन से पूर्व, उपभोक्ता को कम्पनी की वस्तुओं की वापसी की नीतियों के बारे में विस्तार से बताना;

घ) आर्डर की तारीख, उपभोक्ता द्वारा भुगतान की जाने वाली कुल राशि, बिल और रसीद सहित;

ङ) नमूने के निरीक्षण और वस्तु की सुपुर्दगी का समय एवं स्थान;

च) अपने आर्डर को रद्द करने के अधिकार की जानकारी और/अथवा विक्रय-योग्य स्थिति में उत्पाद की वापसी और भुगतान की गई राशी का पूर्ण प्रतिदाय;

छ) शिकायत प्रतितोष तंत्र के संबंध में विवरण;

5. लेखों की उचित पुस्तिका रखी जाए जिसमें उत्पादों, मूल्य, कर और मात्रा का ब्यौरा दिया गया हो और उनके द्वारा बेची गई वस्तुओं के संबंध में ऐसे अन्य ब्यौरे, जो नियम के तहत निर्धारित किए गए हों।

6. प्रत्यक्ष विक्रेता निम्न कार्य नहीं करेगा:

क) भ्रामक, कपटपूर्ण और/अथवा अनुचित व्यापार पद्धतियों का प्रयोग;

ख) भ्रामक, झूठे, कपटपूर्ण और/अथवा अनुचित नियुक्ति पद्धतियों का प्रयोग, जिसमें संभावित प्रत्यक्ष विक्रेताओं के साथ उनके सम्पर्क में वास्तविक अथवा संभावित बिक्री अथवा आय की गलत प्रस्तुती और किसी भावी प्रत्यक्ष विक्रेता को प्रत्यक्ष बिक्री के लाभ शामिल हैं;

ग) संभावित प्रत्यक्ष विक्रेता को ऐसा कोई वास्तविक प्रस्तुतीकरण देना जिसे सत्यापित ना किया जा सके अधवा ऐसे कोई वादे करना जिसे पूरा ना किया जा सके;

घ) संभावित प्रत्यक्ष विक्रेता को झूठे और/ अथवा कपटपूर्ण तरीके से प्रत्यक्ष बिक्री के लाभ प्रदान करना;

ङ) प्रत्यक्ष बिक्री संचालन से संबंधित कोई प्रस्तुतीकरण जो जानबूझकर किया जाए, छोड़ा जाए अथवा ऐसा करने की अनुमति दी गई हो, जिसे प्रत्यक्ष बिक्री कम्पनी और प्रत्यक्ष विक्रेता के बीच पारिश्रमिक प्रणाली और समझौता शामिल है अथवा ऐसे प्रत्यक्ष विक्रेता द्वारा बेची जा रही वस्तुएं और/अथवा सेवाएं जो झूठी और/अथवा भ्रामक हो;

च) अनुचित रूप से बड़ी मात्रा में वस्तुओं और/ अथवा सेवाओं को खरीदने के लिए पहली बार उल्लिखित प्रत्यक्ष विक्रेता द्वारा नियुक्त प्रत्यक्ष विक्रेता की आवश्यकता अथवा उनको प्रोत्साहित करना;

छ) कोई साहित्य और/अथवा प्रशिक्षण सामग्री प्रदान करना जो मूल प्रत्यक्ष बिक्री कम्पनी के अंदर और बाहर संभावित और/अथवा मौजूद प्रत्यक्ष विक्रेताओं को प्रत्यक्ष बिक्री कम्पनी द्वारा जारी आनुशंगिक तक ही सीमित ना हो;

ज) संभावित अथवा मौजूदा प्रत्यक्ष विक्रेताओं को साहित्य अथवा प्रशिक्षण सामग्रियां अथवा बिक्री हेतु प्रदर्शन उपकरण खरीदने के लिए प्रोत्साहित करना।

खंड 6: प्रत्यक्ष बिक्री संस्था और प्रत्यक्ष विक्रेता के बीच संबंध

1.1 प्रत्यक्ष बिक्री संस्था और प्रत्यक्ष विक्रेता के बीच संबंध को पार्टियों के बीच हुए लिखित समझौते के अनुसार निर्धारित किया जाएगा जिसमें प्रत्यक्ष बिक्री संस्था और प्रत्यक्ष विक्रेता के लिए दिए गए दिशा-निर्देशों के तहत प्रत्यक्ष बिक्री व्यापार चलाने के लिए शर्तों

के रूप में स्पष्ट रूप से उपलब्ध कराए गए अधिकार और कत्र्तव्य ही शामिल होंगे।

1.2 अन्य सभी अधिकार और कत्र्तव्य, लिखित समझौते की स्पष्ट शर्तों के अनुसार निर्धारित किए जाएंगे, जब तक प्रत्यक्ष बिक्री संस्था और प्रत्यक्ष विक्रेता के बीच संविदा के रूप में स्पष्ट रूप से उपलब्ध नहीं कराए जाएंगे।

2. प्रत्यक्ष विक्रेताओं द्वारा, उत्पादों, सेवाओं अथवा व्यवसाय के अवसरों से होने वाली शिकायतों के लिए प्रत्यक्ष बिक्री संस्था उत्तरदायी होगी।

3. प्रत्यक्ष विक्रेताओं द्वारा अपनाई गई प्रथाओं/तरीकों की निगरानी और नियन्त्रण करने की जिम्मेदारी प्रत्यक्ष बिक्री संस्था की होगी

खंड 7: उपभोक्ता के संरक्षण हेतु आचरण

1. उपभोक्ता द्वारा उपलब्ध कराई गई सभी निजी सूचनाओं के संरक्षण को सुनिश्चित करने के लिए प्रत्यक्ष विक्रेताओं और प्रत्यक्ष बिक्री कम्पनी द्वारा उचित उपाय किए जाए;
2. प्रत्यक्ष विक्रेता और प्रत्यक्ष बिक्री कम्पनी को उपभोक्ता संरक्षण अधिनियम, 1986 के उपबंधों द्वारा मार्गदर्शित किया जाए;
3. शिकायत का पता लगाने और प्रतितोष में लगने वाले समय का रिकार्ड रखने के लिए फोन, ई-मेल, वेबसाइट, डाक और व्यक्तिगत रूप से प्राप्त सभी शिकायतों की शिकायत संख्या होनी चाहिए;
4. प्रत्येक प्रत्यक्ष संस्था में प्रतितोष निवारण समिति गठित की जाए जिसके गठन, जिम्मेदारियों की प्रकृति में निम्नलिखित सम्मिलित हो परंतु वह यहीं तक सीमित ना हो:

क) प्रतितोष निवारण समिति में, प्रत्यक्ष बिक्री संस्था कम से कम तीन अधिकारी शामिल किए जाएंगे;

ख) प्रतितोष निवारण समिति, शिकायतों को सम्बोधित करेगी और की गई कार्रवाई की सूचना शिकायतकर्ताओं को दी जाएगी;

ग) आम जनता द्वारा संस्था के प्रत्यक्ष विक्रेता, संस्था के कर्मचारी अथवा किसी अन्य अधिकारी के खिलाफ शिकायत की जा सकती है;

घ) ऐसी सभी शिकायतों का निपटान सीधे प्रत्यक्षबिक्री संस्था द्वारा किया जाएगा;

5. प्रत्यक्ष बिक्री संस्था, खरीद पर उपभोक्ता को सूचना उपलब्ध कराएगी जिसमें निम्नलिखित शामिल होगा;

   क) खरीददार एवं विक्रेता का नाम;

   ख) वस्तुओं अथवा सेवाओं की सुपुर्दगी की तारीख;

   ग) वस्तुओं की वापसी करने की प्रक्रिया; और

   घ) त्रुटि के मामले में वस्तुओं को बदलना/वापसी की गारंटी

बशर्ते कि कोई प्रत्यक्ष विक्रेता, बिक्री होने पर, प्रत्यक्ष बिक्री संस्था द्वारा प्राधिकृत दावों के प्रतिकूल कोई दावा नहीं करेगा।

6. कोई व्यक्ति, जो प्रत्यक्ष बिक्री संस्था के किसी उत्पाद अथवा सेवा को बिक्री अथवा विक्रय के लिए रखता है, जिसमें ई-कॉमर्स प्लेटफॉर्म/बाजार शामिल हैं, को ऐसी बिक्री अथवा प्रस्तुती आरम्भ करने के लिए संबंधित प्रत्यक्ष बिक्री संस्था से लिखित में पूर्व अनुमोदन लेना चाहिए।

खंड 8: धन परिचालन स्कीम और पिरामिड स्कीम पर रोक

1. कोई व्यक्ति अथवा संस्था, प्रत्यक्ष बिक्री व्यवसाय करने की आड़ में, खंड 1(11) में परिभाषित पिरामिड स्कीम का समर्थन नहीं करेगा अथवा किसी व्यक्ति को ऐसी स्कीम अथवा किसी प्रकार की ऐसी व्यवस्था में भाग लेने के लिए भर्ती नहीं करेगा;
2. कोई व्यक्ति अथवा संस्था, प्रत्यक्ष बिक्री के व्यवसाय अवसरों की आड़ में, खंड 1(12) में परिभाषित धन संचालन स्कीम में भागीदारी नहीं करेगा।

खंड 9: निगरानी प्राधिकरण की नियुक्ति

1. संघ और राज्यों में संबंधित राज्य सरकारों में प्रत्यक्ष बिक्री से संबंधित मामलों से निपटने के लिए उपभोक्ता मामले विभाग नोडल विभाग होगा;
2. राज्य सरकारों द्वारा, प्रत्यक्ष बिक्री के लिए दिशा-निर्देशों के अनुपालन के संबंध में प्रत्यक्ष विक्रेताओं, प्रत्यक्ष बिक्री कंपनियों की गतिविधियों की निगरानी/निरीक्षण करने के लिए तंत्र स्थापित किया जाएगा;
3. कोई प्रत्यक्ष बिक्री संस्था, जो प्रत्यक्ष बिक्री संबंधी गतिविधियां संचालित करती है, उपभोक्ता मामले विभाग को वचनपत्र प्रस्तुत करेगी, जिसमें बताया जाएगा कि वह इन दिशानिर्देशों का अनुपालन करेगी और अपने संयोजन तथा व्यवसाय संबंधी अन्य ब्यौरे उपलब्ध कराएगी, जो कि समय-समय पर अधिसूचित किये गए हैं।

****** नोट का अंत ******

प्रत्यक्ष बिक्री इकाइयों के लिए दिशानिर्देश

अक्सर पूछे जाने वाले प्रश्न

1. खंड 1.4

"प्रत्यक्ष विक्रेता से तात्पर्य, विधिक रूप से लागू किए जा सकने वाले लिखित अनुबंध के माध्यम से प्रमुख से प्रमुख आधार पर प्रत्यक्ष बिक्री व्यापार चलाने के लिए किसी प्रत्यक्ष बिक्री संस्था द्वारा, प्रत्यक्ष अथवा अप्रत्यक्ष रूप से, नियुक्त अथवा प्राधिकृत व्यक्ति है।" **डिजिटल और ई-कान्ट्रेक्टस के संबंध में क्या व्यवस्था है?**

उत्तरः लिखित अनुबंध में ई- कान्ट्रेक्टस और डिजिटल कान्ट्रेक्टस शामिल हैं तथा यह भी सूचना प्रौद्योगिकी अधिनियम, 2000 के उपबंधों के अनुसार शासित किए जाते हैं।

2. खंड 1.6 (परंतुक)

"बशर्ते कि उपभोक्ताओं को इन वस्तुओं अथवा सेवाओं की बिक्री 'स्थायी खुदरा अवस्थिति' के अतिरिक्त प्रायः उनके घर में अथवा उनके कार्यस्थल पर ऐसी वस्तुओं के प्रचार और प्रदर्शन द्वारा किसी निश्चित स्तर पर की जाएगी।" **क्या इस परंतुक का अर्थ यह है कि हर बिक्री का स्थायी खुदरा अवस्थिति से दूरी पर होना जरूरी है?**

उत्तरः स्थायी खुदरा अवस्थिति से बिक्री को प्रतिबंधित/बाधित नहीं करता है। तथापि, प्रत्यक्ष बिक्री इकाई इन दिशानिर्देशों द्वारा शासित होती है।

3. खंड 2.2

"सभी संभावित प्रत्यक्ष विक्रेताओं के लिए अनिवार्य अभिमुखी सत्र का आयोजन किया जाएगा, जिसमें प्रत्यक्ष बिक्री संचालन के सभी पहलुओं पर उचित और सही सूचना दी जाएगी, जो पारिश्रमिक प्रणाली और नये भर्ती किए गए प्रत्यक्ष विक्रेताओं के लिए संभावित पारिश्रमिक तक ही सीमित नहीं होगी।" **क्या प्रत्यक्ष विक्रेता द्वारा अन्य संभाव्य प्रत्यक्ष विक्रेता को उपलब्ध कराया गया प्रशिक्षण/ओरियेन्टेशन इस खंड के अनुपालन में होगा?**

उत्तरः जी हां, प्रत्यक्ष बिक्री इकाई द्वारा या प्रत्यक्ष विक्रेता या प्रत्यक्ष बिक्री इकाई के किसी प्राधिकृत प्रतिनिधि द्वारा व्यक्तिगत रूप से या किसी डिजीटल माध्यम से प्रशिक्षण/ओरियेन्टेशन उपलब्ध कराया जाएगा।

4. खंड 2.8

"उपभोक्ताओं और प्रत्यक्ष विक्रेता को उत्पादों के मूल्य, उत्पादों की वापसी अथवा बदलने और वस्तुओं और सेवाओं की सही आपूर्ति और बिक्री के बाद की शिकायतों के निपटान की सुविधा प्रदान करने और सन्तुष्ट करने के लिए राज्य में इसके संचालन के लिए पहचान किए गए क्षेत्राधिकार में एक कार्यालय होगा।" **क्या एक राज्य में स्थित कार्यालय को दो या इससे अधिक राज्यों के क्षेत्राधिकार के लिए फोकल प्वाईंट के रूप में पदनामित किया जा सकता है?**

उत्तरः राज्य विशेष में स्थित किसी कार्यालय को उपभोक्ताओं की सुविधा के चलते दो या इससे अधिक राज्यों के क्षेत्राधिकार के लिए पदनामित किया जा सकता है जहां प्रत्यक्ष विक्रेता/उपभोक्ता, प्रत्यक्ष बिक्री इकाई के प्रत्यक्ष बिक्री इकाई/प्राधिकृत प्रतिनिधि के साथ संवाद कर सकता है।

5. खंड 3.3 (ख)

"प्रत्यक्ष विक्रेताओं के ब्यौरों में सत्यापित पता प्रमाण पत्र, पहचान प्रमाण पत्र और पैन शामिल होंगे।" **क्या प्रत्यक्ष बिक्री इकाई को सत्यापित पता, प्रमाण पत्र और पैन लेना चाहिए?**

उत्तर: पैन कार्ड की आवश्यकता, आयकर अधिनियम, 1961 के उपबंधों के अनुसरण में है। प्रत्यक्ष विक्रेताओं को प्रत्यक्ष बिक्री इकाइयों को राज्य या केन्द्र सरकार द्वारा जारी फोटो प्रमाण पत्र प्रस्तुत करना होगा। यह प्रमाणपत्र निम्नलिखित में से हो सकता है:- आधार कार्ड, ड्राईविंग लाईसेंस, वोटर प्रमाण पत्र, पासपोर्ट तथा राशन कार्ड या राज्य अथवा केन्द्र सरकार द्वारा जारी किया गया कोई अन्य पहचान दस्तावेज जिसे सत्यापित किया जा सके।

6. खंड 3.8

"किसी प्रत्यक्ष बिक्री प्रतिष्ठान द्वारा अपनाए गए संवितरण के तरीके में किसी बात के होते हुए भी वह प्रतिष्ठान अपने प्रत्यक्ष बिक्री नेटवर्क के किसी सदस्य द्वारा इन दिशा-निर्देशों का अनुपालन सुनिश्चित करवाएगा चाहे उस सदस्य की नियुक्ति प्रत्यक्ष रूप से अथवा अप्रत्यक्ष रूप से की गई हो।" **कोई प्रत्यक्ष बिक्री इकाई किस प्रकार प्रत्यक्ष विक्रेता द्वारा इन दिशानिर्देशों का अनुपालन सुनिश्चित कर पाएगी?**

उत्तरः इस खंड का अनुपालन करने के लिए प्रत्यक्ष बिक्री इकाई को विद्यमान प्रत्यक्ष विक्रेताओं के साथ चालू अनुबंधों के परिशिष्ट पर हस्ताक्षर करना होगा। यहाँ इसके बाद प्रत्यक्ष विक्रेताओं की नियुक्ति के लिए दोनों पक्षों द्वारा हस्ताक्षरित अनुबंध में इस खंड को जोड़ा जाना होगा। प्रत्यक्ष बिक्री इकाई को सुनिश्चित करना होगा कि वह अनुबंध के आधार पर अपने प्रत्यक्ष विक्रेताओं को इन दिशानिर्देशों

का अनुपालन करने के लिए बाध्य करें और गैर-अनुपालन के खिलाफ अनुशासनात्मक कार्रवाई करे।

7. खंड 4.2 (ग)

"ऐसे मामलों में और ऐसी स्थिति में, जहां संविदा आरम्भ करने के 2 वर्षों अथवा प्रत्यक्ष विक्रेता द्वारा की गई अंतिम बिक्री की तारीख से प्रत्यक्ष विक्रेता द्वारा वस्तुओं अथवा सेवाओं की कोई बिक्री ना की गई हो, उचित नोटिस के साथ, संविदा को समाप्त करने की अनुमति देना।" **प्रत्यक्ष बिक्री इकाई और प्रत्यक्ष विक्रेता के बीच हुए अनुबंध को कब समाप्त किया जा सकता है?**

उत्तरः अनुबंध समाप्त होने की तारीख को प्रत्यक्ष बिक्री इकाई तथा प्रत्यक्ष विक्रेता के बीच हुए अनुबंध की संबंधित शर्तों में उपलब्ध कराया जा सकता है या किसी भी पक्ष द्वारा संगत अवधि जैसे कि एक माह का नोटिस देते हुए या भारतीय अनुबंध अधिनियम के उपबंधों के अनुसार समाप्त किया जा सकता है।

8. खंड 6.2

प्रत्यक्ष विक्रेताओं द्वारा, उत्पादों, सेवाओं अथवा व्यवसाय के अवसरों से होने वाली शिकायतों के लिए प्रत्यक्ष बिक्री संस्था उत्तरदायी होगी।
और

खंड 6.3

"प्रत्यक्ष विक्रेताओं द्वारा अपनाई गई प्रथाओं/तरीकों की निगरानी और नियंत्रण करने की जिम्मेदारी प्रत्यक्ष बिक्री संस्था की होगी"

इसका अर्थ यह होगा कि केवल प्रत्यक्ष बिक्री इकाई ही प्रत्यक्ष विक्रेता द्वारा उत्पादों एवं सेवाओं या व्यापार अवसरों की बिक्री से उत्पन्न होने वाली सभी शिकायतों के लिए जिम्मेदार होगी?

उत्तरः यह स्पष्ट किया जाता है कि उत्पादों एवं सेवाओं की गुणवत्ता के लिए प्रत्यक्ष बिक्री इकाई जिम्मेदार होगी और यह उपभोक्ताओं के हित में बेहतर कार्यप्रणालियों का अनुपालन करने के लिए प्रत्यक्ष विक्रेता का मार्गदर्शन और सहायता करेगी। ऐसे मामलों में प्रत्यक्ष विक्रेताओं के कार्यक्षेत्र तथा विशिष्ट उत्तरदायित्व, हस्ताक्षरित अनुबंध में स्पष्ट रूप से परिभाषित की जाएगी। प्रत्येक बिक्री इकाई, अनुबंध में उपलब्ध कराए गए तरीके द्वारा अपने प्रत्यक्ष विक्रेताओं द्वारा अपनाई गई कार्यप्रणालियों की मॉनीटरिंग करने के लिए कुछ तंत्र परिभाषित एवं विकसित करेगी।

9. खंड 7.5

उद्योग: इस खंड में यह टंकण की त्रुटि प्रतीत होती है। चूंकि उपभोक्ता वस्तुओं अथवा सेवाओं की खरीद प्रत्यक्ष विक्रेताओं से करता है, इसलिए उसे इस उपखंड में सूचीबद्ध किए गए विभिन्न ब्यौरे प्रत्यक्ष विक्रेता द्वारा ही उपलब्ध कराए जाने चाहिए। कृपया स्पष्ट करें।

उत्तरः जी हां, यह प्रत्यक्ष विक्रेता ही होना चाहिए। कृपया, इस उपखंड में प्रत्यक्ष बिक्री संस्था के स्थान पर प्रत्यक्ष विक्रेता पढ़ा जाए।

नेटवर्क मार्केटिंग - मिथ और तथ्य

1: क्या नेटवर्क मार्केटिंग कंपनियों के पास खुद की मैन्युफैक्चरिंग होने ज़रूरी है?

खण्ड-3 (1): डायरेक्ट सेलिंग गाइडलाइन्स 2016:

"प्रतिष्ठान द्वारा बेची जाने वाली अथवा आपूर्ति की जाने वाली वस्तुओं अथवा प्रदान की जाने वाली सेवाओं के साथ प्रतिष्ठान की पहचान की ज़िम्मेदारी - मालिक, ट्रेडमार्क चिह्न, सेवा चिह्न अथवा अन्य पहचान चिह्न के लाईसेंसधारक की होगी"

व्याख्या: नेटवर्क मार्केटिंग में कंपनी के पास खुद की मैन्युफैक्चरिंग होना बिलकुल ज़रूरी नहीं है। नेटवर्क मार्केटिंग कंपनी मालिक हो सकती है, उसके द्वारा बेचे जाने वाले सामान की या फिर प्रदान की जाने वाली सेवाओं की। साथ ही में नेटवर्क मार्केटिंग कंपनी लाइसेंसधारी भी हो सकती है, उसके द्वारा बेचे जाने वाले सामान की या फिर प्रदान की जाने वाली सेवाओं की।

नेटवर्क मार्केटिंग एक ताकतवर तरीका है प्रोडक्ट्स और सेवाएं वितरित करने का। अब चाहे प्रोडक्ट्स आप खुद मैन्युफैक्चर करो या फिर किसी और से मैन्युफैक्चर करवाओ, उससे कोई फ़र्क नहीं पड़ता।

कंपनी जो अपने प्रोडक्ट्स खुद नहीं बना रही उसके प्रोडक्ट्स भी बहुत अच्छे हो सकते हैं, किसी कंपनी के खुद बनाये गए प्रोडक्ट्स की तुलना में। असल में खुद की मैन्युफैक्चरिंग का क्वालिटी से कोई मतलब नहीं होता। ऐसा भी हो सकता है कि एक कंपनी बहुत ख़राब सामग्री इस्तेमाल कर रही हो खुद की मैन्युफैक्चरिंग में और वही दूसरी कंपनी प्रोडक्ट एक ऐसी जगह से बनवा रही हो, जहाँ सामग्री बहुत अच्छी इस्तेमाल की जाती हो। तो ऐसा भी हो सकता है खुद के प्रोडक्ट

बनाने वाली कंपनी से ज़्यादा अच्छे प्रोडक्ट उस कंपनी के हों, जो खुद नहीं बनाती अपने प्रोडक्ट्स।

2: क्या नेटवर्क मार्केटिंग में प्रोडक्ट ज़रूरी है या सिर्फ सेवाएं भी हो सकती हैं?

खंड-1 (6): डायरेक्ट सेलिंग गाइडलाइन्स 2016:

"प्रत्यक्ष बिक्री" से अभिप्रायः पिरामिड स्कीम के अतिरिक्त, प्रत्यक्ष बिक्री के एक भाग के रूप में वस्तुओं का विपणन, वितरण और बिक्री करना या सेवाएं प्रदान करना है।

व्याख्या: नेटवर्क मार्केटिंग में सिर्फ सेवाएं भी प्रदान की जा सकती हैं। हर जगह पर गाइडलाइन्स में सेवाएं प्रदान करना भी बताया गया है, वस्तुओं के विपणन (मार्केटिंग), वितरण (डिस्ट्रीब्यूशन) और बिक्री करने के साथ।

3: नेटवर्क मार्केटिंग में पेआउट कैसे दिया जा सकता है?

खंड-1 (13): डायरेक्ट सेलिंग गाइडलाइन्स 2016:

"पारिश्रमिक प्रणाली" से तात्पर्य प्रत्यक्ष बिक्री संस्था द्वारा प्रत्यक्ष विक्रेता को क्षतिपूर्ति किए जाने के लिए अपनायी जाने वाली प्रणाली से है, जो मासिक, अथवा आवधिक अथवा वार्षिक आधार अथवा दोनों, जैसा भी मामला हो, प्रत्यक्ष विक्रेताओं को प्रत्यक्ष बिक्री संस्था द्वारा दिए गए वित्तीय और गैर-वित्तीय प्रोत्साहनों, लाभ और कमीशन के विभाजन के तरीके की व्याख्या करता है। यह प्रणाली, प्रत्येक प्रत्यक्ष बिक्री संस्था के लिए:

क) ऐसा कोई उपबंध नहीं कि प्रत्यक्ष विक्रेता ऐसी प्रत्यक्ष बिक्री में भाग लेने के लिए भर्ती से पारिश्रमिक प्राप्त करेगा।

ख) यह सुनिश्चित है कि प्रत्यक्ष विक्रेता ऐसे प्रत्यक्ष विक्रेताओं द्वारा वस्तुओं अथवा सेवाओं की बिक्री से पारिश्रमिक प्राप्त करेगा।

ग) पारिश्रमिक की गणना के तरीके को स्पष्ट रूप से प्रकट करेगा।

व्याख्या: "पारिश्रमिक प्रणाली" से मतलब होता है पेआउट का तरीका जो नेटवर्क मार्केटिंग कंपनी अपनाती है। पेआउट में वित्तीय (फाइनेंसियल) और गैर वित्तीय (नॉन फाइनेंसियल) लाभ सभी आ जाते हैं।

हर नेटवर्क मार्केटिंग कंपनी में:

1) किसी भी डिस्ट्रीब्यूटर को सिर्फ लोगों को कंपनी में शामिल कराने का कोई पैसा नहीं मिलना चाहिए,

2) किसी भी डिस्ट्रीब्यूटर को पेआउट उनके और उनकी टीम द्वारा, वस्तुओं या फिर सेवाओं की बिक्री से प्राप्त होगा। मतलब अगर आपने और आपकी टीम ने मिला कर 1 लाख रूपए का काम किया है। तो इसी 1 लाख रूपए में से आपको और आपकी टीम को पेआउट मिलेगा।

3) डिस्ट्रीब्यूटर्स को अच्छे से पता होना चाहिए की नेटवर्क मार्केटिंग कंपनी पेआउट की गणना कैसे करती है।

4: क्या नेटवर्क मार्केटिंग में नवीनीकरण शुल्क (रिन्यूअल फीस) हो सकती है?

खण्ड-3(7): डायरेक्ट सेलिंग गाइडलाइन्स 2016:

प्रत्यक्ष बिक्री संस्था द्वारा निम्नलिखित कार्य नहीं किए जाएंगे:

(छ) "अपने प्रत्यक्ष विक्रेताओं को कोई लाभ उपलब्ध कराना जिसमें प्रवेश शुल्क और नवीनीकरण शुल्क अथवा प्रत्यक्ष बिक्री संचालनों में

भाग लेने के लिए बिक्री हेतु प्रदर्शन के लिए उपकरणों अथवा सामग्रियों की खरीद शामिल है"

(झ) "प्रत्यक्ष विक्रेता से न्यूनतम मासिक अंशदान अथवा नवीकरण प्रभारों के रूप में कोई पैसा देने की अपेक्षा करना"

व्याख्या: एक नेटवर्क मार्केटिंग कंपनी बिक्री हेतु प्रदर्शन के लिए उपकरणों या सामग्रियों की खरीद पर, एंट्री फीस या रिन्यूअल फीस पर अपने डिस्ट्रीब्यूटर्स को कोई लाभ नहीं देगी। एक डायरेक्ट सेलिंग कंपनी अपने डिस्ट्रीब्यूटर्स से न्यूनतम मासिक अंशदान (मिनिमम मंथली सब्सक्रिप्शन) या रिन्यूअल चार्जेज़ के रूप में कोई पैसा नहीं ले सकती है।

5: क्या हर नेटवर्क मार्केटिंग कंपनी में वापसी की अवधि (रिफंड पीरियड) होना ज़रूरी है?

खण्ड-2(5): डायरेक्ट सेलिंग गाइडलाइन्स 2016:

"प्रत्येक प्रत्यक्ष विक्रेता को तर्कसंगत व्यवसायिक शर्तों पर पूर्ण वापसी अथवा वापसी खरीद गारंटी को अधिसूचित और प्रदान करेगा जिसे प्रत्यक्ष विक्रेता को वस्तुओं अथवा सेवाओं के वितरण की तारीख से 30 दिनों की अवधि के अंदर पूरा किया जाएगा"

व्याख्या: नेटवर्क मार्केटिंग कंपनी को प्रत्येक डिस्ट्रीब्यूटर को पूर्ण धनवापसी या बाय-बैक गारंटी की सूचना प्रदान करनी होगी उचित व्यावसायिक शर्तों पर, जिसका अभ्यास सामान या सेवाओं के वितरण (डिस्ट्रीब्यूशन) की तारीख से 30 दिनों की अवधि (पीरियड) के भीतर किया जा सकता है। इसलिए रिफंड पीरियड होना ज़रूरी होता है हर डायरेक्ट सेलिंग कंपनी में।

6: क्या पुनर्खरीद (रिपरचेज) अनिवार्य करना कानूनी है डायरेक्ट सेलिंग गाइडलाइन्स में?

व्याख्या: भारत सरकार के द्वारा दी गयी गाइडलाइन्स में पुनर्खरीद अनिवार्य करने को कहीं भी कानूनी नहीं बताया गया है। एक बार खण्ड-4(2) (घ) में जिक्र किया गया है, वापसी क्रम अथवा पुनःक्रम नीति का, लेकिन उसका मतलब नेटवर्क मार्केटिंग कंपनी द्वारा की जाने वाली पुनर्खरीद (रिपरचेज) से है। उसका मतलब है "नेटवर्क मार्केटिंग कंपनी और डिस्ट्रीब्यूटर के बीच समझौता लिखित में किया जाए, जिसमें समझौते की महत्वपूर्ण परिभाषाओं के बारे में बताया गया हो। जिसमें डिस्ट्रीब्यूटर के निवेदन पर नेटवर्क मार्केटिंग कंपनी पुनर्खरीद (रिपरचेज) नीति प्रदान करेगी, बेची जाने वाली बिक्री योग्य वस्तुओं या सेवाओं के लिए। मतलब अगर डिस्ट्रीब्यूटर समान ना बेच पाए, तो नेटवर्क मार्केटिंग कंपनी को पुनर्खरीद (रिपरचेज) करना होगा सामान वापस डिस्ट्रीब्यूटर से आसान शर्तों पर।"

ये दरअसल उन कंपनियों के लिए है जो अपने स्टोर इत्यादि के नाम पर लाखों रुपए लेती हैं डिस्ट्रीब्यूटर्स से। स्टोर्स का लालच देकर कंपनियाँ डिस्ट्रीब्यूटर को बेचने के लिए बहुत बार लाखों रुपए का सामान दे देती हैं। भारत सरकार ने बोला है कि अगर ऐसे कोई डिस्ट्रीब्यूटर अपने नहीं बिके हुए लेकिन बिक्री योग्य सामान को वापस करना चाहे, तो आसान शर्तों पर कंपनियों को उनसे स्टोर्स का सामान वापस लेना होगा।

लेकिन इस नियम का बहुत बार कंपनियों द्वारा गलत तरह से प्रमोट किया जाता है। डिस्ट्रीब्यूटर्स को बोला जाता है की सरकार का कहना है की डिस्ट्रीब्यूटर्स को हर महीने सामान लेना होगा कुछ रुपए का

पुनर्खरीद (रिपरचेज) के नाम पर। जबकि कोई भी कंपनी पुनर्खरीद (रिपरचेज) को अनिवार्य (कंपल्सरी) नहीं कर सकती किसी भी डिस्ट्रीब्यूटर के लिए।

इसको खण्ड-3(7): डायरेक्ट सेलिंग गाइडलाइन्स 2016 में बहुत अच्छे से बताया गया है।

खण्ड-3(7): डायरेक्ट सेलिंग गाइडलाइन्स 2016:

प्रत्यक्ष बिक्री संस्था (डायरेक्ट सेलिंग कंपनियों) द्वारा निम्नलिखित कार्य नहीं किए जाएंगे:

(छ) "अपने प्रत्यक्ष विक्रेताओं को कोई लाभ उपलब्ध कराना जिसमें प्रवेश शुल्क (एंट्री फी) और नवीनीकरण शुल्क (रिन्यूअल फीस) अथवा प्रत्यक्ष बिक्री (डायरेक्ट सेलिंग) संचालनों में भाग लेने के लिए बिक्री हेतु प्रदर्शन के लिए उपकरणों अथवा सामग्रियों की खरीद शामिल है"

(झ) "प्रत्यक्ष विक्रेता से न्यूनतम मासिक अंशदान (मिनिमम मंथली कंट्रीब्यूशन) अथवा नवीकरण प्रभारों (रिन्यूअल फीस) के रूप में कोई पैसा देने की अपेक्षा करना"

व्याख्या: एक नेटवर्क मार्केटिंग कंपनी बिक्री हेतु प्रदर्शन के लिए उपकरणों या सामग्रियों की खरीद पर, एंट्री फीस या रिन्यूअल फीस पर अपने डिस्ट्रीब्यूटर्स को कोई लाभ नहीं देगी। एक डायरेक्ट सेलिंग कंपनी द्वारा अपने डिस्ट्रीब्यूटर्स से न्यूनतम मासिक अंशदान (मिनिमम मंथली सब्सक्रिप्शन) या रिन्यूअल चार्जेज़ के रूप में कोई पैसा नहीं लिया जा सकता है।

7: क्या बाइनरी, सिंगल लेग, हाइब्रिड पेआउट या जनरेशन प्लान लीगल है?

व्याख्या: ये समझना बहुत ज़रूरी है कि पेआउट प्लान का बाइनरी, सिंगल लेग, हाइब्रिड या जनरेशन होना किसी कंपनी के पेआउट प्लान को लीगल या इल्लीगल नहीं बनाता। सभी तरह के पेआउट प्लान लीगल और इल्लीगल दोनों हो सकते हैं। एक जनरेशन वाली कंपनी भी इल्लीगल हो सकती है और एक बाइनरी वाली भी।

मान लो किसी कंपनी का प्रोडक्ट 110 रुपए का मिलता था ग्राहक को दुकान पर और जिसमें से 50 रुपए कंपनी वितरण और विज्ञापन में खर्च करती थी। ये कंपनी अब नेटवर्क मार्केटिंग कंपनी बन गयी है। अब कंपनी नेटवर्क मार्केटिंग वाला वितरण का तरीका इस्तेमाल करने के लिए और 50 रुपए को डिस्ट्रीब्यूट करने के लिए कोई भी पेआउट स्ट्रक्चर बना सकती है। ये चाहे बाइनरी चुने या जनरेशन सभी पेआउट स्ट्रक्चर 100 प्रतिशत लीगल हैं, जब तक कंपनी सारा पेआउट मिला कर 50 रुपए तक ही डिस्ट्रीब्यूट कर रही है।

कोई भी कंपनी नेटवर्क मार्केटिंग में पेआउट डिस्ट्रीब्यूट, इस तरह से कर सकती है:

प्रोडक्ट की कीमत जो ग्राहक से ली जाये - (कंपनी को प्रोडक्ट की कॉस्ट + उस प्रोडक्ट के मूल्य पर भारत सरकार का टैक्स + बाकि कॉस्ट प्रोडक्ट को ग्राहक तक पहुँचाने की + कंपनी का अपना प्रॉफिट) सभी में से कोई कंपनी अपना प्रॉफिट चाहे न रखे, लेकिन और कोई कॉस्ट वो खत्म नहीं कर सकती।

मतलब किसी बिक्री पर सारा पेआउट कुल मिला कर सभी को इससे ज़्यादा नहीं दिया जा सकता:

प्रोडक्ट की कीमत जो ग्राहक से ली जाये - (कंपनी को प्रोडक्ट की कॉस्ट + उस प्रोडक्ट के मूल्य पर भारत सरकार का टैक्स + बाकि कॉस्ट प्रोडक्ट को ग्राहक तक पहुँचाने की)

मान लो प्रोडक्ट 110 रुपए का बिका। कंपनी को उस प्रोडक्ट की कॉस्ट पड़ी थी 43 रुपए और 110 रुपए पर भारत सरकार का टैक्स बना 11 रुपए। साथ ही में ग्राहक तक पहुँचाने में और 5 रुपए जुड़ गए। तो अब कुल लागत कंपनी की हो जाती है 43+11+5=59 रुपए।

मतलब पैसा जो डिस्ट्रीब्यूट किया जा सकता है, वो हो जाता है 111-59=52 रुपए।

तो अब अगर कंपनी 52 रुपए से एक भी पैसा ज़्यादा दे रही है, तो वो कंपनी बन्द हो जाएगी।

लेकिन ये 52 रुपए कंपनी कैसे भी डिस्ट्रीब्यूट कर सकती है।

अब चाहे 52 रुपए को वो सिंगल लेग प्लान में डिस्ट्रीब्यूट कर दे, चाहे बाइनरी में, चाहे हाइब्रिड और या फिर कोई जनरेशन वाला स्ट्रक्चर बना कर।

लेकिन किसी भी तरह के पेआउट स्ट्रक्चर में अगर 52 रुपए से ज़्यादा रुपए डिस्ट्रीब्यूट हो रहा है, तो वो कंपनी या तो बेवकूफ है या फिर मनी सर्कुलेशन जैसा इल्लीगल काम कर रही है।

कोई भी इन्सान जो बाइनरी प्लान या किसी और प्लान को इल्लीगल कहते हैं, उन सभी को नेटवर्क मार्केटिंग की असली जानकारी नहीं है और उन्हें सबसे पहले गाइडलाइन्स को अच्छे से पढ़ना चाहिए।

आभार

दिशा के विपरीत बहने पर भी सभी मुझे इतना प्यार करते हैं, उसके लिए दिल से मैं सभी का आभारी हूँ। मेरे यहाँ तक के सफर ने जिन्होंने हर पल मेरा साथ दिया वो हैं मेरे माता पिता। आज इस किताब के माध्यम से मैं उनका धन्यवाद करना चाहता हूँ, उनके साथ और विश्वास के लिए।

मैं उन लोगों का भी ऋणी हूँ, जिन्होंने ये किताब लिखने के लिए मुझे प्रेरित किया, जिन्हें ये विश्वास था कि मैं ये कर सकता हूँ। विकास चौहान करनाल से, गुरमनजीत कौर ज़िरगपुर से और दिल्ली से विधु चौधरी, आप सभी का तहे दिल से शुक्रिया।

अमित बलोदा, सतविन्दर सिंह और करन शर्मा, आप सबका बहुत बहुत धन्यवाद मुझे इस खूबसूरत इंडस्ट्री से रूबरू करवाने के लिए।

सुरेन्द्र वत्स जी इस जर्नी में आपने हमेशा मेरा हौसला बढ़ाया और इस किताब को लिखने के लिए प्रोत्साहित किया। आपके इस भरोसे के लिए धन्यवाद।

और आखिरी धन्यवाद इन्विन्सिबल पब्लिशर्स की पूरी टीम को। अजय सेतिया, सागर भाई और एडिटर शाम्भवी जिन्होंने मेरे शब्दों को किताब का रूप दिया।